능력 있고 유능한
지방공무원으로 성장하기

능력 있고 유능한
지방공무원으로
성장하기

ⓒ 김상영, 2018

초판 1쇄 발행 2018년 2월 28일

지은이   김상영
펴낸이   이기봉
편집   좋은땅 편집팀
펴낸곳   도서출판 좋은땅
주소   경기도 고양시 덕양구 통일로 140 B동 442호(동산동, 삼송테크노밸리)
전화   02)374-8616~7
팩스   02)374-8614
이메일   so20s@naver.com
홈페이지   www.g-world.co.kr

ISBN   979-11-6222-304-8 (03190)

이 도서의 국립중앙도서관 출판시 도서목록(CIP)은 서지정보유통지원시스템 홈페이지(http://seoji.nl.go.kr)와 국가
자료공동목록시스템(http://www.nl.go.kr/kolisnet)에서 이용하실 수 있습니다. (CIP제어번호 : CIP2018005054)

능력 있고 유능한

지방
공무원으로
성장하기

• 김상영 지음 •

"26년간 근무하면서 온몸으로 체득한
지방공무원의 생생한 성장기록"

입문기에 있는 새내기부터 정리기에 있는 선배 공무원까지, 모든 공무원들을 위한 책!

좋은땅

책을 쓰게 된 동기

　지방공무원 생활을 처음 시작하는 사람들은 기대와 설렘을 가지고 공직생활을 시작하게 됩니다. 그러나 자치단체에 대한 정확한 정보나 사전 지식 없이 수험기관의 정보나 학원, 인터넷, 신문기사 및 주변사람들과 대화를 통하여 접한 정보를 토대로 평생의 직장인 공직생활을 시작하는 경우가 많이 있는 것 같습니다.

　국가공무원으로 공직을 시작하는 사람들은 언론보도 등을 통해서 다소 많은 정보를 접하고 있습니다. 이와 달리 지방공무원으로 공직생활을 시작하는 공무원들은 자치단체 소관업무 등 다양한 정보를 접하는 데 많은 어려움을 느끼고 있습니다. 이는 자치단체의 경우 지역특성에 맞게 다양한 조직과 형태의 업무를 추진하고 있기 때문입니다. 지방직으로 공직에 입문하는 공무원들은 해당 자치단체의 홈페이지 등을 통하여 주요한 정보를 얻는데, 해당 자치단체에서 역점으로 추진하는 사업이라든지 행정조직 등에 대한 정보들을 개별적으로 숙지하여야 하기 때문에 다양한 자치단체들에 대한 정확한 정보를 습득하는 것이 쉽지 않은 현실입니다.

필자가 지방공무원으로 공직에 입문한 새내기 공무원들과 대화를 해 보면 어려운 수험생활을 통하여 부푼 꿈을 가지고 공무원 시험에 합격하였지만 실제로는 지방직으로 공직에 입문하는 대부분의 공무원들이 공직 입문 시 주민센터에서 단순한 민원발급 업무나 저소득층 지원업무를 주로 하는 것으로 알고 있는 경우가 많이 있습니다. 지방공무원으로 임용되어 근무하면서 느끼는 현실이 매우 큰 차이가 있어 일부는 공직에 입문한 후 매우 실망을 하고 본인의 적성에 맞지 않는다는 사유로 다른 직장으로 전직을 하거나 공직을 떠나는 경우를 많이 목격하였는데 매우 안타까운 생각이 들고는 하였습니다. 새내기 공무원들에게는 개인적으로는 시간 낭비일 수 있고 조직운영에도 많은 어려움이 있으므로 어려운 시험을 통과하였지만 다른 선택을 하는 후배 공무원들의 모습들을 보면서 좋은 정보를 제공할 필요성을 더욱 절감하게 되었습니다.

자치단체는 광역자치단체와 기초자치단체로 구분됩니다. 그중 광역자치단체는 중앙부처와 유사한 지방의 광역에 해당하는 업무를 주로 추진하고 해당 권역 내 기초 자치단체 전체의 영향들을 고려하여 업무를 추진하므로 업무 추진 시 정책적인 판단이 매우 중요한 경우들이 많이 있습니다. 반면에 기초자치단체에서는 생활밀착형 행정을 주로 추진하는 경우가 대부분으로 기초자치단체에 근무하는 지방공무원은 주민들의 실생활과 관련되는 행정업무를 주로 처리하고 지역 주민들의 애로사항을 청취하거나 이들의 요구사항을 행정에 반영하는 등 일정한 지역단위의 행정업무를 주로 수행하고 있습니다.

따라서 광역자치단체와 기초자치단체는 관할하는 면적에도 많은 차이가 있고 이에 따른 조직이라든지 인력의 규모면에서 많이 다르며 추진하는 업무성격에서도 상당히 많은 차이가 있습니다. 공직에 입문하려는 사람들은 우선 본인의 적성 등을 고려하여 본인의 적성에 맞는 곳이 광역자치단체인지 기초자치단체인지를 충분한 고민과 다양한 정보를 종합하여 결정할 필요성이 있습니다. 또한 자치단체에서 추진하는 업무의 성격을 자세하게 파악한 다음 광역자치단체에 근무할 것인지, 기초자치단체에 근무할 것인지 본인의 진로를 선택하여야 합니다.

이 책은 지방공무원으로 공직생활을 하는 공무원들에게 도움을 주고자 총 5장으로 구분하여 기술하였습니다.

제1장은 입문기로서 지방공무원으로 공직에 입문한 새내기 공무원들이 필수적으로 알아야 할 내용으로 조직에 적응과정과 새내기 공무원으로서 지켜야 할 근무자세를 먼저 알아보고, 새내기 공무원들이 매우 어렵게 느끼는 계획서 작성요령에 대하여 필자가 경험한 내용들을 예시로 제시하여 도움을 주고자 하였습니다. 새내기 공무원 시절부터 업무일지를 쓰는 습관을 기른다면 중요한 업무처리 시기를 놓치는 일들은 발생되지 않을 것입니다. 마지막으로 조직에 적응하는 방법과 어려움이 있을 때 도움을 받을 수 있는 멘토의 중요성에 대하여 언급하였습니다.

제2장은 성장기로서, 새내기 공무원으로 일정한 근무기간이 지나면 부서에서 중요한 위치를 차지하는 책임자급 주무관으로서 역할을 하게 됩니다. 따라서 주무관들의 근무자세와 업무들을 추진하는 과정에서 반드시 숙지해야 하는 보고서를 작성하는 방법을 알아보았습니다. 아울러 의사를 결정하는 과정에서 결재권자에게 적절하게 보고하는 요령을 기술하여 시너지효과를 도모하였습니다. 또한 급변하는 시대적 흐름에 맞게 소관업무를 추진하는 과정에서 본인의 적성에 맞는 업무를 조기에 발견하고 이를 더욱 발전시켜 해당 분야에 전문가로 성장하여 조직발전에 기여할 필요성을 언급하였습니다.

무엇보다 민선시대에 홍보업무에 대한 중요성이 높아지고 있으므로 보도자료를 효과적으로 작성하는 방법과 함께 올바른 신상관리를 통하여 유능하고 능력 있는 주무관으로 성장하는 방법을 기술하였습니다. 아울러 주무관들이 특별한 관심을 가지고 있는 근무부서를 이동하는 과정을 예를 들어서 이해하기 쉽게 설명하였고 마지막으로 활기찬 공무원 생활을 위하여 필요한 자기계발에 대해서도 알아보았습니다.

제3장 완성기는 관리자의 위치에 있게 될 여러분들이 개인적인 성향이 매우 상이한 직원들의 업무능력을 최대한으로 발휘할 수 있도록 직원들을 관리하는 요령과 함께 조직에서 큰 공을 세운 공무원들에게 반드시 이에 상응하는 보답을 하여야 한다는 내용을 언급하였으며 현안업무를 효율적으로 추진하는 방법에 대해서도 이야기를 하였습니다. 또한 공무원들이 무엇보다 많은 관심을 가지고 있는 근무평정 요령과 매사에 공정한 판단과 공평한 배려가 조직전체 사기를 높일 수 있으며 홍보전략 미흡으로 민원이 발생되거나 사업들이 중단되는 사례가 있다는 점을 강조하였습니다.

아울러 지방공무원들이 매우 힘들어 하는 다수인 민원과 유관기관과 관계되는 업무를 효율적으로 처리하는 요령을 알아보고 기업체의 사회공헌사업에 특별한 관심을 가진다면 자치단체의 업무추진에 매우 도움이 된다는 내용을 언급하였습니다. 마지막으로 의원들과 원만한 관계 형성을 통하여 지역발전과 주민들의 행복이라는 목적달성을 위한 공무원의 마음자세에 대하여 이야기하였습니다.

제4장 정리기는 필자와 같이 공무원 생활을 마감하는 황혼기에 있는 공무원들이 근무하는 기간 동안 터득한 행정업무에 대한 노하우를 아낌없이 후배 공무원들에게 전수하고 지역사회 발전을 위하여 기여할 수 있는 방법들을 살펴보았습니다. 또한 지역 민생문제의 조속한 해결을 위해 유관단체와 관계설정에 대해서도 자세하게 기술하였습니다. 공직을 정리하는 시기가 임박한 공무원들이 어떻게 제2의 인생을 준비할 것인지 고민해 보고 오랜 근무기간 동안 터득한 인생경험들을 솔직하게 후배 공무원들에게 전수하여 후배 공무원들이 공직에 몸을 담고 퇴직하는 마지막 순간까지 좋은 보약처럼 활용할 수 있도록 멘토 역할의 중요성에 대하여 언급하였습니다. 마지막으로 함께 근무를 했던 공무원이건 같이 근무를 한 경험이 없는 공무원이건 조직이라는 한 울타리에서 동고동락을 한 동료 공무원이라고 생각하고 아름다운 퇴장을 준비할 필요가 있다는 내용을 이야기하였습니다.

제5장 지방행정 이해는 지방공무원으로 근무하면서 반드시 숙지해야 할 내용을 담았습니다. 지방공무원들은 대부분 직업공무원이기 때문에 정치와 상당히 거리를 두어야 하고 정치는 단순히 정치인들의 영역이라고 생각하기 쉬운데 이는 다소 왜곡된 전제라고 생각합니다. 단체장과 지방공무원 간 언론관에 대해서도 상당히 다른 견해를 가지고 있으므로 이를 올바르게 이해할 수 있도록 설명하였습니다.

　또한 지역에 소재한 시민단체와 지역발전이라는 목적은 동일하지만 사업을 추진하는 방법들은 매우 상이한 경우들이 많이 있으므로 상호 충분한 의견조율 절차를 거치는 등 활발한 교류협력이 요구된다는 점을 언급하였습니다. 또한 의회와 집행부라는 양 기관이 지역사회 발전과 주민들의 복리증진을 위하여 노력들을 하고 있지만 기능면에서 많은 차이가 있으므로 전진하는 수레의 양 바퀴가 잘 굴러가도록 협력하는 방안에 대해서 알아보았습니다. 전체적으로는 지방공무원들이 반드시 알아야 할 내용들을 간략하게 정리하였는데 친한 선배와 조용한 카페에서 이야기하는 기분으로 가볍게 읽어주면 감사하겠습니다.

　필자가 무엇보다 전하고 싶은 말은 개인이나 조직을 위하여 지방공무원으로 공직에 입문하려는 후배들에게 올바른 정보를 제공하는 것이 매우 중요하고도 필요하다는 것을 절실히 느끼고 있었습니다. 아울러 현직에서 근무하고 있는 후배 공무원들에게도 공무원으로 근무하면서 느낀 점이나 경험했던 내용들을 알려 후배 공무원들의 공무원 생활에 조그마한 보탬이 되고 현재의 위치에서 자신을 되돌아볼 수 있는 계기를 마련함으로써 유능하고 능력 있는 후배 공무원으로 성장하기를 간절히 바라는 마음을 가지고 있었습니다. 부끄럽지만 후배 공무원들에게 조금이나마 도움을 주고자 하여 모든 면에서 부족하지만 감히 용기를 내어서 이 책을 쓰게 되었습니다. 부디 공무원 생활에 이 책이 도움이 되길 바랍니다.

목 차 --

제 1 장
입문기

제 2 장
성장기

제 5 장
지방행정 이해

제 1 장

입문기

제1절

조 직 적 응

◇◇◇◇◇◇◇◇◇◇◇◇◇◇

　새내기 공무원들은 업무에 대한 숙련도가 다소 낮고 새로운 조직에 전입하여 매우 긴장되고 조직에 대한 서먹서먹한 기분이 들 것이다. 이에 새내기 공무원들은 공무원 조직이라는 낯선 환경에 처음 접하여 업무들을 숙지하는 데 상당한 적응기간이 필요하게 된다. 지방공무원들은 일부를 제외하고는 부서단위 등 단체로 생활하는 경우가 대부분으로 새내기 공무원들에게는 본인의 업무 숙지도 중요하지만 같이 근무하는 동료 공무원들과 원만한 관계를 형성하는 것도 매우 큰 비중을 차지하고 있는데 이에 대한 어려움을 겪고 있는 공무원들이 일부 있는 것 같다.

　지방공무원사회도 사회생활의 한 축을 담당하고 있기 때문에 새내기 공무원들이 하루 빨리 조직에서 원만한 관계들을 만들기 위해서는 조직일체감 형성을 위한 워크숍, 우수사례 도입을 위하여 실시하는 각종 시찰, 사내교육 등 공식적으로 추진하는 각종 모임에 적극적으로 참여하여 직장 내 공무원들과 다양한 형태로 소통의 기회를 갖기를 권장하고 싶다.

　새내기 공무원들은 평소에 고민이 있거나 곤란한 문제들이 있으면 이러한 기회를 적극적으로 활용하여 본인의 애로사항을 이야기하고 이에 대한 해결방안을 모색해 본다면 본인들이 어렵다고 느꼈던 문제들도 주위 공무원들의 도움으로 아주 쉽게 해결할 수 있을 것이다.

　민원인들이 새내기 공무원들을 바라보는 시각은 업무에 대한 융통성도 없고 업무능력도 다소 부족하다는 이야기들을 많이 하고 있다. 이는 새내기 공무원들이 규정을 엄격하게 적용하고 업무를 처리하는 과정에서 다소 경직되어 마음에 여유가 없거나 긴장이 되어 그럴 수도 있을 것이다.

　새내기 공무원들은 팀장이나 과장이 지시한 업무내용을 정확히 숙지한 후 처리해야 하는데 업무에 대한 숙련도가 다소 낮기 때문에 지시사항을 정확하게 이해하기가 어려운 경우들도 많이 있을 것이다. 지시사항에 대한 의문사항이 있으면 팀장이나 과장에게 반드시 문의하고 업무를 처리하여야 하지만 직장분위기에도 익숙하지 않고 문의하는 방법을 잘 몰라서 어려움을 토로하는 새내기 공무원들이 가끔 있다.

　새내기 공무원 중 일부는 '오전 9시에 출근하여 오후 6시 퇴근

시간까지 본인에게 주어진 임무만 완수하면 끝이다'라는 생각을 가진 경우가 더러 있다. 물론 공무원은 특별한 경우를 제외하고는 근무시간이 지나면 자유스럽게 생활하는 것이 정상적이지만 지방공무원들은 동료들이 어렵고 힘든 업무로 고생할 때 적극적으로 도와주어야 하는 등 동료들과 협력하여 추진해야 하는 업무들이 의외로 많이 있다.

자치단체에는 지역마다 특색 있게 추진하고 있는 업무들도 다양하고 이를 수행하기 위한 조직구성도 다소 상이하다. 예를 들면 산이 많은 지역에서는 봄철 산불 예방 활동, 큰 강이나 하천을 끼고 있는 지역은 집중 호우 시 수방근무, 산악지역이나 언덕이 많은 지역은 겨울철에 눈이 많이 내리면 제설대책 등 지역주민들의 안전을 위하여 지역별 특색에 맞게 비상근무들을 많이 한다.

지방마다 이렇게 다양하고 특색 있는 업무를 시기별로 추진해야 하는 새내기 공무원들에게는 조직에 대한 이해와 담당업무에 대한 열정과 애착이 매우 요구된다. 왜냐하면 공무원 조직을 운영하는 데 기본적으로 수행하여야 하는 공통적인 업무는 반드시 추진해야 하고 지역마다 특색 있는 업무는 지역의 여건에 맞게 자체적으로 실시해야 하기 때문에 새내기 공무원들은 다양한 업무에 대한 열정이 없으면 지방공무원으로 근무하는 데 많은 어려움이 있을 것이다.

따라서 새내기 지방공무원들은 지역마다 특색 있게 추진해야 하는 다양한 행정업무에 대한 철저한 학습도 필요하겠지만 담당 업무에 대한 열정이 있으면 더욱 좋다. 공무원 조직에서는 다양한 직종과 직렬의 공무원들이 함께 근무하고 있어 업무에 대한 열정과 더불어 다양한 직렬의 공무원들과 원만한 관계형성에도 특별한 관심과 노력을 기울여야 한다.

근 무 자 세

◇◇◇◇◇◇◇◇◇◇◇◇◇◇

　최근 제4차산업혁명에 대해서도 많은 사람들이 관심을 가지고 있고 인공지능의 발달과 빅 데이터 활용 등 지방행정의 여건변화로 지방공무원에 대한 민원인들의 기대수준도 점차적으로 높아지고 있으며 지방공무원 조직에서도 행정직, 세무직, 기술직 등 분야별로 대민 행정서비스를 전문적으로 제공하는데도 불구하고 지방공무원들에 대한 주민들의 불만도 점차적으로 높아지고 있는 것이 현실이다.

　주민들의 높아지는 욕구수준을 충족하기 위해서 지방공무원 내부에서도 새내기 공무원들의 업무능력 향상을 위한 다양한 노력들을 경주하고 있다. 아울러 타 자치단체의 우수한 사례를 벤치마킹하고 이를 해당 자치단체에 적극적으로 도입하기 위한 다양한 노력들을 기울이고 있으므로 새내기 공무원들도 이에 맞게 능동적으로 동참하려는 의지가 필요하다.

자치단체에서는 통상적으로 부서에 결원이 발생하면 행정직이나 기술직 등 지방공무원의 부서배치는 인사이동 대상자들을 상대로 희망 근무부서 신청을 받아 가능하면 본인의 희망근무부서에 배치를 하고 있다. 하지만 동일한 부서에 신청한 경쟁자들이 많을 경우 해당 업무에 대한 경험이 있거나 학교에서 전공한 분야를 고려해서 직원들의 역량을 최대한 발휘할 수 있도록 부서배치를 하고 있다.

이러한 현실을 감안할 때 자치단체에서 근무하고 있는 공무원으로 근무경력이 일천한 새내기 공무원은 담당업무를 직접적으로 추진하여야 하는 실무자이므로 이 기간에는 본인에게 주어진 업무를 처리하는 데 최선을 다하여야 하고 이를 통하여 본인의 업무적성을 발견하고 특별히 관심이 있는 분야를 찾도록 노력하여야 한다.

따라서 새내기 공무원들은 상대적으로 근무하기 쉬운 부서나 민원발생이 적은 업무를 찾아서 근무하기 보다는 조직에서 발령하는 부서배치에 배치되어 가능하면 조직에서 시행하는 다양한 업무분야를 경험할 수 있는 기회를 갖기를 적극 권장하고 싶다. 하지만 일부 새내기 지방공무원의 경우 근무하기 힘든 부서나 민원이 많이 발생하는 업무를 추진하는 부서에 발령이 나면 담당업무를 회피하는 수단으로 인사부서에 인사고충이나 인사 청탁 등을 통해서 다른 부서로 옮기는 경우도 가끔 있다.

새내기 공무원 시절 이러한 과정을 반복하다 보면 자치단체에서 처리하는 다양한 업무를 경험할 수 있는 기회 부족으로 본인의 적성에 맞거나 특히 관심을 갖고 추진하고자 하는 업무를 찾기도 어려울 뿐만 아니라 향후 지방공무원으로 생활하는 데 많은 어려움을 겪을 것이다.

새내기 공무원들에게는 새내기 시절 근무한 업무경력이 향후 본인들의 경력관리에 매우 중요하게 작용하므로 이 시기에는 본인의 적성에 맞고 관심이 있는 분야를 발견하는 데 집중하여야 한다. 새내기 공무원으로서 관심 있는 분야를 발견하고 이 분야에 집중적으로 관심을 가지고 근무를 하게 된다면 상위직급으로 승진할 경우 비슷한 분야에 근무할 수 있는 기회를 얻을 수 있으므로 자연스럽게 경력관리가 될 수 있다.

새내기 공무원 시절 근무경력이 팀장, 과장 등으로 보직이동 시 계속적으로 연결되는 경우가 많이 있으므로 새내기 공무원들은 다양한 업무와 부서를 경험한 후 본인의 적성에 맞고 역량을 발휘할 수 있는 부서와 업무를 적극적으로 찾도록 노력들을 경주하여야 한다.

일부 새내기 공무원들은 흔히 청탁을 하여야 승진을 하고 많은 사람들이 원하는 좋은 보직으로 이동하기 위해서는 반드시 인사 청탁을 하여야 한다고 오해하는 경우들이 많이 있다. 일부 새내기 공무원 중에는 그렇게 생각하고 청탁의 과정을 거쳐서 혜택을 본 새내기 공무원들도 일부 있을 것이다. 이러한 새내기 공무원들의 근무자세는 매우 잘못된 것이고 당장 청산해야 할 부분이다.

필자의 공무원생활 경험으로는 인사 청탁은 한두 번으로 끝나는 경우가 대부분으로 청탁을 동원하여 소위 좋은 자리나 힘 있는 자리로 이동을 하였다 하더라도 본인이 원하는 부서에 영원히 근무하지는 못한다. 본인이 근무하기를 희망한 부서에서 대부분 이 년 정도 근무하고 길어야 삼 년 정도 근무를 할 수 있기 때문에 청탁의 영향은 영원하지 않다는 것을 알 수 있다.

따라서 새내기 공무원들은 본인이 근무했던 부서와 업무에 대한 경력이 본인들의 향후 근무부서와 업무 종류를 결정하는 데 매우 큰 영향을 미친다는 것을 알아야 한다. 따라서 청탁을 통하여 본인이 근무할 부서나 업무를 정하는 일들은 반드시 자제해야 한다.

새내기 공무원들에게는 그동안 근무한 기간보다 앞으로 근무할

기간이 많이 남아 있다. 그러므로 일시적인 기분에 따라 좌고우
면하지 말고 현재 맡고 있는 담당업무를 추진하는 데 최선을 다하
고 평소에 같이 근무하는 동료들과 원만한 관계형성을 하게 된다
면 미래에는 반드시 좋은 날이 올 것이다. 새내기 공무원들은 너
무 서두르지 말기를 권하고 싶다.

제3절

법 령 과   친 해 지 기

◇◇◇◇◇◇◇◇◇◇◇◇◇

　지방공무원으로 처음 근무를 하는 새내기 공무원들을 보면 희망에 찬 눈빛과 따뜻한 마음으로 주민들에게 진심으로 봉사하고 앞으로 공무원으로서 크게 성장을 하겠다는 당찬 포부를 가지고 공직에 입문하는 것을 볼 수 있다. 하지만 일정한 시간이 흐른 후 새내기 공무원들의 태도를 보면 다소 실망스러운 눈빛으로 현실에 안주하고 있는 모습들을 보게 된다.

　공무원이면 당연히 오전 9시에 출근해서 오후 6시에 퇴근하는 것이 정상인데 계절적으로 실시하는 수방근무, 겨울철 제설대책 시 거리에서 눈을 치운다든지 공무원으로 입문하기 전에는 상상하지 못했던 업무들도 수행하게 된다. 지방공무원들은 주로 주민생활과 밀착된 업무를 추진하는 경우가 대부분으로 이를 수행하는 과정에서 민원인과 충돌이 발생하고 이를 해결하는 과정에서 많은 어려움이 있다고 불평들을 하는 경우가 많이 있다.

　지방공무원의 애로사항에 대하여 언론 등에 비쳐진 모습은 지극히 일부분으로 새내기 공무원들이 주로 알고 있는 내용들은 언론보도나 주위의 여론을 통해 알려진 내용들이 대부분이다. 일반적으로 지방공무원들이 처리해야 하는 업무내용으로 알려진 것과 새내기 공무원들이 현장에서 실제로 근무하면서 경험하는 업무내용과는 매우 큰 차이가 있을 것이다.

지방공무원으로 연륜이 짧은 새내기 공무원들이 어려움을 겪는 일중에 하나는 본인이 처리하는 업무에 대한 근거법령을 완전히 숙지하지 못하였거나 업무를 추진하는 과정에서 법령에 대한 해석을 잘못하여 민원인과 마찰이 발생하는 경우들이 많이 있다. 새내기 공무원들은 부서에서 비교적 업무처리에 부담이 적은 업무라든지 상대적으로 업무에 대한 비중이 낮은 단순 민원 등을 처리하는 경우가 대부분이다. 하지만 공무원들이 처리하는 모든 업무는 반드시 법령의 근거에 의거하여 처리하여야 하므로 새내기 공무원들은 본인이 처리하는 업무의 근거법령이 무엇인지 확인하는 습관을 가져야 한다.

일부 새내기 공무원들은 시간이 부족하다는 이유만으로 업무처리에만 집중하고 본인이 맡은 업무가 어떤 근거를 가지고 있는지 공부를 소홀히 하는 경향이 있다. 모든 공무원은 법령에 근거하여 담당업무를 처리하여야 하는데 이를 위반할 경우 본인에게 무거운 책임이 발생되며 이로 인하여 많은 민원들이 발생하게 된다.

공무원들이 근거법령을 잘못 적용하여 업무를 처리한 결과 민원인들도 큰 피해를 받게 되므로 공무원은 어떤 업무를 처리하든지 반드시 근거법령이 무엇인지 확인하는 습관이 필요하다. 공무원들이 업무를 처리하는 과정에서 민원인들로부터 가장 많이 요구받는 사항은 모든 주민들에게 공평하게 법령을 적용하라는 것이다.

지방공무원들이 처리하는 업무의 대부분이 지역 주민들의 생활과 직결되고 일부는 주민들의 재산권 행사에도 많은 영향을 준다. 따라서 지방공무원들이 처리하는 모든 업무는 법령에 근거해서 처리하여야 하고 소관업무를 처리 시 동일한 법령을 공평하게 적용하여 해당 주민들에게 동일한 혜택을 주거나 불이익을 주도록 하여야 한다.

주민생활과 밀접한 관계가 있는 업무를 주로 처리하는 지방행정은 시대의 변화에 따라 시대적 여건이나 새로운 행정환경의 변화로 관련법령들이 개정되는 경우들이 많이 있다. 따라서 새내기 공무원들은 본인이 처리하는 업무에 대한 근거법령의 개정사항과 중앙부처의 업무처리 지침을 수시로 확인하고 이를 업무 처리 시 참고할 수 있도록 단위업무별로 별도의 파일을 작성하여 관리하는 것이 반드시 필요하다.

　지방공무원이 업무를 처리하는 과정에서 집행하는 법령에 대한 해석의 차이로 소송이 제기되어 사법부의 판단을 받는 경우도 많이 있다. 그러므로 본인이 처리하는 업무 중에서 민원인들과 법령상 해석의 차이가 있는 업무는 반드시 최근 판례도 숙지할 수 있도록 노력하여야 한다.

　최근에는 법제처 홈페이지를 통해서 해당 업무에 대한 법령의 개정사항이라든지 연혁 등 각종 자료들을 쉽게 찾아볼 수 있고 또한 법원 홈페이지를 통하여 최근 판례도 쉽게 검색이 가능하므로 본인의 업무와 관련된 법령관련 자료들에 대하여 조금만 관심을 가진다면 관련 자료를 쉽게 찾아볼 수 있는 환경이 조성되어 있다.

　새내기 공무원 시절부터 소관업무 처리 시 근거법령이 무엇인지 수시로 확인하고 적용하는 습관을 기른다면 업무처리에 대한 자신감도 생겨나고 정확한 민원업무 처리로 민원인들에게도 인정을 받을 수 있으므로 새내기 공무원들은 담당하는 업무에 대한 관련법령을 반드시 숙지할 것을 당부하고 싶다.

　새내기 공무원들이 관련법령을 숙지하고 업무를 처리하는 과정에서 발생되는 문제 중의 하나는 현행 법령이 지역의 실정을 제대로 반영하지 못해서 이를 주민들에게 직접 적용하는 데 매우 불합리한 경우들이 많이 있다. 왜냐하면 행정환경은 급변하지만 법령이 현실에 맞게 적기에 개정되지 못하는 경우가 많기 때문이다. 이러한 경우가 발생된다면 중앙부처에 법령개정을 적극적으로 요구하여 주민들이 잘못된 법령이나 현실을 제대로 반영하지 못한 법령으로 인하여 피해를 받지 않도록 적극적으로 업무를 추진하는 자세를 갖는다면 매우 우수하고 유능한 공무원으로 성장할 수 있을 것이다.

새내기 지방공무원들이 중앙부처에 법령에 대한 개정을 건의하였지만 다양한 사유로 인하여 법령의 개정이 지연되는 경우들이 종종 있다. 이러한 경우 법령이 개정되기 전이라도 중앙부처의 유권해석을 통하여 주민들이 피해가 최소화 될 수 있도록 중앙부처에 건의하는 노력도 필요할 것이다. 지방공무원들이 법령을 집행하는 과정에서 발생되는 또 다른 애로사항은 행정환경의 변화를 반영한 특별법이 제정되어 이를 적용하거나 법령시행에 대한 경과규정이 있는 경우 민원인들에게 법령적용 시 의견차이로 인하여 다수인 민원이 발생하는 경우도 많이 있다.

이러한 사례를 미연에 방지하기 위해서 새내기 공무원들은 본인이 담당하는 업무에 대한 특별법이 제정되거나 법령에 경과규정이 있는 업무를 담당하는 경우 특별히 주의가 요구되며 이러한 업무를 맡은 경우 자치단체에서 발행되는 소식지 등을 통해서 주민들에게 널리 홍보하는 것도 민원발생을 사전에 예방하는 효과가 있을 것이다.

지금은 전산기기가 잘 발달되어 있으므로 본인이 맡은 업무에 대한 각종 법령들을 파일별로 잘 관리하고 업무처리 시 적용한다면 본인이 맡은 업무에 대한 자신감도 생겨나고 소관업무를 당당하게 처리할 수 있으며 민원인에게도 정확한 법령의 적용으로 신뢰받는 지방행정을 구현하는 데 큰 역할을 담당하게 될 것이다.

제4절

계획서 작성

◇◇◇◇◇◇◇◇◇◇◇◇

　공직에 입문한 새내기 공무원들이 어려움을 느끼는 일중에 하나는 계획서를 올바르게 작성하는 것이다. 계획서는 공무원들이 업무를 추진하기 위하여 처음으로 만드는 문서로 새내기 공무원들은 상사들이 계획서를 작성하라고 지시를 하면 많은 부담감을 느낀다고 이야기를 한다. 특히 기존에 추진하던 업무가 아니고 새롭게 추진되는 업무에 대한 계획서를 작성하는 일은 더욱 그런 경우들이 많이 있다.

　새내기 공무원들이 소관업무를 추진하기 위하여 계획서를 작성하고 보고하는 것이 필수적이지만 계획서 작성을 잘못하여 해당 업무를 추진하는 데 큰 문제가 발생하고 이로 인하여 많은 민원이 제기되어 자치단체의 신뢰를 추락시키는 일들이 가끔 발생한다. 따라서 새내기 공무원들이 업무에 대한 계획서를 추진방향에 맞게 올바르게 작성하는 것은 매우 중요하다.

　필자도 20대 후반에 7급 공무원으로 출발하였다. 하지만 당시 과장님께서 계획서를 작성해 보고하라고 지시를 하시면 어떻게 계획서를 작성해야 하는지 작성방법을 몰라서 많은 어려움을 겪었던 기억도 나고 선배 공무원들에게 혼도 많이 난 기억이 있다. 하지만 어떠한 방법으로 계획서를 작성하면 되는지 체계적으로 알려주는 선배 공무원들은 거의 없었으며 지금까지도 매우 안타까운 생각이 들고는 한다.

 필자는 먼저 계획서를 잘 작성하기 위해서 기획부서 등에서 시달되는 많은 계획서들을 분석하여 계획서 작성유형을 분류하기 시작했다. 당시에 많은 계획서를 분석한 결과 반드시 일치하지는 않았지만 3가지 유형으로 분류한 계획서 작성 틀을 만들어 당시에 함께 근무하던 과장님께 자문을 구한 결과 과장님께서 계획서 작성 시 유의사항 등 많은 조언을 해 주셨던 기억이 지금도 생생하게 난다.

 이러한 일을 계기로 과장님께 무슨 일이든 편하게 상담도 드리고 조언을 구하였는데 당시에 같이 근무했던 과장님은 해당 자치단체에서 기획통으로 소문이 자자하시던 분이셨다. 과장님의 따뜻하고 자상한 지도가 후일에 나의 공직생활에 많은 도움이 되고 있으며 지금까지도 매우 감사하게 생각하고 있다. 당시 과장님께서 강조하시던 내용은 지방공무원이 작성하는 계획서에는 단순한 보고용을 제외하고는 예산집행이 수반되는 업무들이 많이 있으므로 계획서를 작성하는 경우 예산이 수반되는 업무는 재원조달 방안이 있는지 동시에 검토하고 재원조달이 가능하면 이를 어떻게 집행할 것인지를 구체적으로 계획서에 기재하면 실제로 현장에서 적용이 가능한 계획서가 작성된다고 조언을 해 주셨다.

많은 세월이 흐른 지금도 당시 과장님께서 알려주신 방법이 매우 간결하면서도 공무원으로 생활하는 기간 동안 많은 도움이 되고 있기에 후배 공무원들에게 이 방법을 전수해 주려고 한다. 당시 과장님께서 알려주시는 내용에 내가 약간의 내용을 추가한 정도이지만 혹시 계획서 작성에 어려움을 겪는 후배 공무원이 있으면 참고로 하였으면 좋겠다. 물론 계획서를 작성하는 공무원들마다 다른 형식을 사용하거나 다양한 방법으로 작성들을 하고 있다. 하지만 새내기 공무원들은 계획서 작성 시 본인 스타일에 맞게 계획서를 작성할 수 있도록 일정한 원칙과 방법들을 스스로 터득하고 이를 토대로 상황에 맞게 응용하고 적용할 수 있다면 계획서 작성으로 인한 스트레스는 줄일 수 있을 것이다.

계획서 작성방법에 대한 본인 나름대로 일정한 형식이나 작성틀이 정해지면 계획서를 직접 작성하게 되는데 계획서의 내용은 반드시 맞춤법을 준수하여 작성하여야 한다. 일부 새내기 공무원들은 맞춤법을 준수하지 않고 계획서를 작성하는 경우가 많이 있는데 결재권자들이 계획서를 검토하는 과정에서 매우 불쾌한 반응을 나타내는 것을 종종 목격하는 경우가 있다. 왜냐하면 계획서 작성 시 가장 기본이 되는 맞춤법을 준수하지 않으면 계획서 자체에 대한 신뢰를 얻을 수가 없기 때문이다.

지금은 민선시대이기 때문에 모든 업무 추진 시 선거법을 준수하는 것이 매우 중요하다. 그러므로 업무계획을 실행하는 과정에서 선거법에 위반되어 문제가 발생될 소지는 없는지 선거법에 저촉여부를 철저히 검토하여야 한다. 이를 소홀히 하면 업무를 추진하는 과정에서 큰 문제가 발생될 수 있다. 이러한 과정을 거쳐서 계획서가 작성되면 계획서 내용 중 잘못된 부분은 없는지 주변 동료들에게 사전 공람을 통하여 교정을 받는 절차를 거치게 된다면 계획서 작성으로 인하여 발생되는 실수들을 줄일 수 있는 계기가 될 것이다.

참고로 여기에 예시로 제시되는 계획서 작성형식은 필자의 경험을 토대로 작성하였기 때문에 이 책을 읽는 공무원들 업무처리 성향에 따라 견해가 다를 수 있고 계획서 작성방법 또한 매우 다르게 적용할 수 있으므로 참고용으로 이용하면 좋겠다. 따라서 새내기 공무원들은 이 책에서 예시로 제시한 것을 참고로 하여 본인들의 업무경험과 업무에 대한 노하우를 계획서 작성 시 활용하게 된다면 상사들이 어떠한 분야에 대한 계획서 작성하라고 지시를 하더라도 망설임 없이 훌륭한 계획서를 작성할 수 있으므로 업무에 대한 자심감이 더해져서 촉망받는 지방공무원으로 성장하기를 기대해 본다.

○○○사업 추진계획

(목적을 간략하게 기술)

□ 추진근거(배경)

　- 사업을 추진하는 근거규정

　- 추진근거를 보완하는 추진배경

□ 추진방향

　- 신규사업은 추진방향 설정이 중요함

□ 추진계획

　○ 추진기간

　　- 가능하면 정확하게 기간을 설정

　○ 추진내용

　　- 추진할 사업을 단계별로 상세하게 기술

　○ 추진방법

　　- 추진내용에 맞게 적정하게 기술

　○ 추진일정

　　- 추진단계별로 구분하여 작성

　○ 소요예산

　　- 산출기초를 근거로 정확하게 작성

□ 기대효과

　○ 사업추진으로 발생되는 효과를 구체적으로 기술

□ 행정사항

　○ 추진과정에서 업무협조가 필요한 사항 등을 기술

<유형 2> 계속사업

○○○사업 추진계획

(목적을 간략하게 기술)

□ 추진실적(성과)

  - 추진성과에 대한 기술

  - 추진실적을 도표로 작성

□ 추진방향

  ○ 기존 추진방향과 변동되는 사항은 반드시 기술

□ 추진계획

  ○ 추진기간

    - 추진내용별로 구분하여 작성

  ○ 추진내용

    - 성과가 있는 부분은 지속적으로 확대추진

    - 미흡한 부분은 개선이 가능한 대안을 제시

  ○ 추진방법

    - 추진내용에 맞게 구체적으로 기술

  ○ 소요예산

    - 산출기초를 근거로 정확하게 작성

□ 추진일정

  ○ 추진내용에 맞게 구체적으로 작성

□ 행정사항

  ○ 추진과정에서 업무협조가 필요한 사항 등을 기술

○○○개선 추진계획

(목적을 간략하게 기술)

□ 현황(실태)
  - 현재 상황(실태)를 정확하게 기술
  - 도표를 작성할 수 있으면 도표를 활용
□ 문제점
  - 개선이 필요한 내용을 구체적으로 기술
□ 개선방향
  ○ 사업을 추진할 방향을 구체적으로 기술
□ 추진계획
  ○ 추진기간
    - 추진사업 단계별로 작성
  ○ 추진내용
    - 개선할 내용을 자세하게 기술
  ○ 추진방법
    - 추진내용에 맞도록 단계별로 구분하여 작성
  ○ 소요예산
    - 산출기초를 근거로 정확하게 작성
□ 추진일정
  ○ 추진내용에 맞게 단계별로 작성
□ 기대효과
  ○ 사업추진으로 기대되는 효과를 구체적으로 기술
□ 행정사항
  ○ 추진과정에서 업무협조가 필요한 사항 등을 기술

업무일지

◇◇◇◇◇◇◇◇◇◇◇◇

　새내기 지방공무원들에게는 조직생활에서 새로운 인간관계들을 형성해야 하고 공무원으로서 숙지하여야 할 업무들도 많이 주어진다. 그중에서도 새내기 공무원들에게는 다양한 업무에 대한 처리의 우선순위를 정하는 일이 매우 힘든 일 중의 하나일 것이다.

　모든 일들은 처리하는 데 처음에는 다소 어렵다. 하지만 당면한 일들을 해결하기 위하여 꾸준히 노력하고 연구를 하다보면 매우 어렵고 힘들게 느껴졌던 업무들도 해결방법을 금방 터득할 수 있다. 이러한 과정을 반복하다 보면 본인들에게 매우 어렵고 힘들게 느껴졌던 일들도 어느새 익숙해지는 경험들을 하게 될 것이다.

　지방공무원들이 처리하는 업무추진 시기에는 다소 차이는 있겠지만 대부분의 시간구분이 일 년 단위를 추진하여야 하는 장기적인 업무가 있고, 반기 단위의 업무, 분기 단위 업무, 월 단위 업무, 주 단위 업무 등 일정한 시기에는 반드시 추진해야 하는 기본적인 업무들이 있다.

지방공무원들이 주기적으로 처리해야 하는 업무는 본인들의 형편에 맞게 처리시기를 조정할 수도 있겠지만 수시로 발생되는 파생 업무와 민원이 발생되는 업무는 전혀 예측하지 못하게 발생되기 때문에 새내기 공무원들이 순발력 있게 업무처리의 우선순위를 정하지 못하고 우왕좌왕하다가 해당 업무의 처리시기를 놓치는 경우가 종종 발생하여 큰 문제들이 생기고는 한다.

새내기 공무원들이 이러한 어려움을 슬기롭게 극복하기 위해서는 공무원생활 초기부터 업무일지를 쓰는 습관을 기르는 것이 매우 유용한 방법이 될 수 있을 것이다. 대부분 새내기 공무원들은 소관업무 처리 시 우선순위를 정하기보다는 상사들이 지시를 하거나 민원이 발생하여 당장 급하게 처리해야 하는 업무를 우선적으로 처리하는 경향이 있다.

이렇게 업무를 처리하다 보면 업무적으로 매우 중대한 실수를 하는 경우들이 많이 있다. 예를 들면 중앙부처의 예산을 확보하기 위해서는 사전에 일정한 공사금액이상 사업에 대해서는 사전에 투자심사 등 사전절차를 반드시 이행하여야 하는데 공무원생활이 일천한 새내기 공무원들은 업무의 경중이나 우선순위를 잘못 판단하여 당면한 업무를 추진하는 데 엄청난 실수를 저지르고 조직운영에 많은 문제가 발생되는 경우도 가끔 있다.

이러한 실수를 반복하지 않기 위해서는 앞에서도 이야기했듯이 새내기 공무원은 짧게는 주 단위에서 길게는 일 년 단위로 조직에서 배부하는 업무수첩에 본인이 일정한 시기에 반드시 처리하여야 할 업무를 상세하게 기록하고 이에 파생되어 추진해야 하는 업무내용들도 꼼꼼하게 기록한다면 매우 도움이 될 것이다.

특정한 시점에 반드시 추진해야 하는 업무내용은 일 단위로 기록하는 업무수첩에 기재함으로써 특정한 시점에 반드시 추진해야 하는 업무의 처리시기를 놓치는 일들이 발생되지 않도록 철저한 준비를 하여야 한다. 이러한 일련의 과정으로 업무수첩에 기록하고 확인하는 습관을 기르는 것이 새내기 공무원 시절부터 매우 필요하다.

연초에 업무일지를 작성할 때 처리시기를 판단하기 어려운 사항들이 있으면 팀장이나 부서장과 상의하여 해당 업무의 처리시기를 명확하게 기록하여야 한다. 또한 업무내용 중 경중을 판단하기 곤란한 경우 상사들에게 문의하여 명확한 지침을 받아 업무처리의 우선순위를 결정한 후에 해당 업무를 적기에 처리하는 것이 다양한 업무추진으로 인하여 발생하는 스트레스를 줄일 수 있는 방법이다.

하지만 새내기 공무원들은 업무처리 우선순위를 고려하여 업무를 추진하기보다는 당장 급하게 처리해야 하는 업무처리에 중점을 두는 경향이 있다. 물론 당장에 시급한 업무를 처리하지 말라는 뜻은 아니고 시급히 처리해야 할 업무와 시기적으로 반드시 추진해야 할 중요한 업무와 처리시기를 판단하기 어려울 경우 팀장이나 부서장에게 보고하여 업무처리의 우선순위를 결정하면 될 것이다.

부서에서 중요한 업무는 팀장이나 과장들이 우선적으로 관심을 가지고 업무들을 추진하겠지만 팀장이나 부서장들도 각종 회의 참석 등으로 바쁜 경우 특정한 업무의 처리시기를 놓치는 경우들이 종종 발생한다. 이러한 실수를 미연에 방지하고 효율적인 업무처리를 위해서는 업무수첩에 꼼꼼하게 기록하고 이를 수시로 확인하고 조치한다면 처리시기 문제로 고민하거나 어려움을 겪지 않을 것이다.

필자도 매년 업무수첩을 수령하면 일 년 단위로 추진할 업무는 연 단위로 기록하는 곳에 기재하고 특정한 시점에 반드시 추진할 업무는 일 단위로 기록하는 곳에도 중복하여 기재하고 수시로 업무진행 상황을 체크한다. 이러한 습관을 바탕으로 다양한 업무들을 추진한 결과 업무처리 시기문제로 발생될 수 있는 실수들을 줄일 수가 있었다.

공무원생활 경험이 일천한 새내기 공무원에게는 부서에서 비중이 있거나 큰 현안업무를 맡는 경우는 매우 드물 것이다. 하지만 공무원으로 근무하기 시작하는 초기부터 맡은 업무들에 대한 우선순위를 정하여 적절한 시기에 업무를 처리하는 습관을 기르는 것이 필요하다. 아울러 업무수첩을 효율적으로 활용하는 방법을 올바르게 터득하게 된다면 공무원생활 전 기간 동안 매우 유용하고 큰 도움이 될 것이다.

새내기 공무원들이 업무수첩을 잘 쓰는 방법은 본인의 스타일에 맞게 기록하고 이를 활용하는 방법을 스스로 터득하는 것이다. 일부 공무원들은 스마트기기를 이용하여 본인의 일정을 관리하는 경우가 있다. 따라서 지금은 업무수첩만 고집하지 말고 본인의 취향에 맞는 다양한 형태의 기록장치를 활용하는 것이 필요하다. 공무원생활 초기부터 업무수첩 등을 활용하여 업무처리 과정을 기록하고 확인하는 습관을 반드시 익히도록 권하고 싶다.

제6절

성 장 경 로

◇◇◇◇◇◇◇◇◇◇◇

공직에 입문한 새내기 지방공무원들은 조직 환경에 적응해야 하고 아울러 업무에 대한 공부도 많이 필요하다. 공무원생활 초기에는 새로운 환경에 적응하고 주어진 업무를 추진하다보면 지방공무원으로 근무하는 3~4년의 시간들이 매우 빠르게 지나갔음을 알 수 있다.

대부분의 새내기 공무원들은 매일 주어진 업무를 처리하고 각종 행사에 동원되어 행사에 참여하여야 하고 계절별로 실시하는 비상근무 등으로 시간을 보내다보면 하루하루가 매우 빠르게 지나간다. 이렇게 바쁜 시간들을 보내다보면 지방공무원 시험공부를 하던 시절에 본인이 꿈을 꾸었던 생각들은 잊어버리고 현실에 안주하면서 시간들을 보내고 있는 자신을 발견할 수 있을 것이다.

여기에서 언급하는 성장경로는 지방공무원으로 근무는 하고 있지만 공무원도 사회의 한 축을 담당하는 직장인으로 성장하기 위해서는 새내기 공무원들이 특별히 관심 있는 분야에 대한 공부를 열심히 해서 석사, 박사학위를 취득하고 해당 분야 전문가로 성장한다든지, 본인이 관심이 있는 취미를 더욱 발전시켜 삶의 풍요로움을 추구한다든지 공무원으로서 담당하고 있는 업무 외에 특정한 분야를 선정하고 시간을 투입한다면 공무원으로 근무하는 기간 동안 매너리즘에 빠지지 않고 활기찬 직장생활을 하는 것을 의미한다.

새내기 공무원 중에는 '앞으로 근무해야 할 시간도 많이 남아 있는데 지금 시기에 성장경로를 작성하고 벌써부터 미래를 초조하게 준비할 필요가 있을까?'라는 생각을 할 수도 있을 것이다. 하지만 지방공무원으로 공직을 마감한 선배 공무원들의 이야기를 들어보면 공무원으로 근무했던 기간들은 의미 있는 시간들도 있었지만 때로는 다소 지겹거나 어려운 일들이 많이 있었는데 공무원생활을 마감한 후에 생각해 보니 뚜렷한 목표 없이 현실에 안주하면서 근무했던 기간에 대한 많은 후회가 남는다고 말씀들을 많이 하신다.

새내기 공무원들이 미래에 대한 목표 없이 하루하루를 근무하다 보면 선배 공무원들이 걸어온 길을 답습하고 공무원생활을 마감할 시점에서는 많은 후회를 할 수도 있을 것이다. 따라서 이제 막 공무원 생활을 시작한 새내기 공무원들은 빠르게 변화하는 시대에 적응하고 유능한 공무원으로 성장하기 위해서는 일부 선배 공무원들과 같은 선례를 답습하지 말고 다른 과정을 찾아서 생활하는 것이 반드시 필요하다.

　새내기 공무원들이 처음부터 거창한 성장경로를 작성하기는 매우 힘들겠지만 먼저 주어진 업무에 충실하면서 본인에게 적합한 성장경로를 작성하는 것이 필요하다. 당장은 본인에게 맞는 성장경로를 작성하기 어려우면 직장선배나 부서 내 과장 등 직장 상사들에게 자문을 구해 본다면 어떻게 하면 보람이 있고 활기찬 직장생활을 할 수 있는지 좋은 방법에 대하여 직장선배나 상사들이 자상하게 알려 줄 것이다.

　필자도 공무원 생활 초년생 시절에는 선배 공무원들이 강조하는 성장경로에 대한 중요성을 알지 못하고 다른 공무원들과 같이 하루하루를 큰 의미 없이 보내고 있었다. 5년이 지난 후 어느 날 과장님께서 함께 저녁을 먹자고 제안을 하셔서 기분 좋은 마음으로 식사를 하던 중, 과장님께서 "김 주사 요즈음 시간을 어떻게 보내고 있지?"라고 물으셨다. 식사 중 예상치 못한 과장님의 질문에 조금은 당황했지만 "주어진 업무만 열심히 하고 있습니다."라고 대답을 하였던 기억이 난다. 과장님께서 웃으시면서 식사자리에서 업무에 대한 이야기를 해서 미안하다고 하시면서 "김 주사, 세월은 금방 지나가고 아이들도 빨리 성장하니 더 늦기 전에 재테크

공부를 해 보게."라고 충고를 해 주셨다.

당시에는 과장님께서 저녁까지 직접 사 주면서 재테크 이야기를 하실까? 며칠을 고민하였지만 해답을 찾을 수 없었다. '내가 요즈음 너무 나태한 것은 아닌가?', '나의 어려운 형편을 잘 아시고 동정심을 가지시는 것은 아닌가?', '내가 서무업무를 보고 있으니까 돈에 대한 경각심을 주시는 것은 아닐까?'라는 상상의 나래를 폈던 기억이 난다.

그 당시 나는 아들 두 명과 다가구주택 조그마한 방 한 칸에 전세를 얻어서 살고 있었는데 그 당시 달동네에는 한 건물에 생활환경이 비슷한 여러 가구들이 월세나 전세를 살고 있었다. 이 시기에 맞벌이는 하고 있었지만 공무원 월급으로 돈을 저축하여 당장 집을 장만하기 위한 큰 목돈을 마련하는 것은 매우 힘든 상황이었다.

지금 생각해 보면 당시는 시대적으로는 IMF가 막 지난 시기라서 부동산 시장이 매우 침체되어 집 없는 서민들이 집을 장만할 수 있는 좋은 기회가 될 수 있었던 것 같다. 당시에는 비록 가진 돈은 많이 부족하였지만 과장님의 충고를 들은 후 한 달여의 시간이 흐른 후 용기를 내서 과장님께 어떻게 재테크를 해야 하는지 물었던 기억이 난다.

과장님께서는 집이 없는 공무원들은 무엇보다 먼저 집을 장만하는 것이 제일 큰 재테크라고 집을 살 것을 권유하셨다. 하지만 나에게는 수중에 달동네 방 한 칸의 전세금이라는 조그마한 돈 밖에 없어서 도저히 집을 장만할 형편이 안 되고 집을 사는 것이 돈을 많이 가진 사람들이 하는 것이 아니냐고 반문을 했던 기억이 난다.

과장님께서는 당시 서울시에서 시행하는 택지개발 지구 내 아파트를 구입하면 아파트 가격도 저렴하고 집이 없는 서민들을 위해서 낮은 이자로 융자도 해 주므로 집을 쉽게 장만할 수 있다고 말씀을 해 주셨다. 그 당시에는 IMF 직후라서 일부 택지개발 지구 내에는 미분양 아파트도 많이 있으니까 적은 돈으로 집을 마련할 수 있다고 친절히 안내도 하여 주시고 내가 가지고 있던 돈과 융자를 받을 돈을 합쳐 집을 마련할 수 있는 장소까지 자상하게 알려주셨다.

본인도 과장의 직책을 수행해 보았지만 직원들에게 업무적으로 부족한 부분을 채워주고 인생에 대한 조언을 해 주는 것이 얼마나 어려운 일인가를 알고 있기 때문에 지금도 그 당시 과장님의 은혜는 잊을 수가 없다.

필자는 과장님을 지금까지도 인생의 멘토로 모시면서 어려운 문제가 있으면 수시로 상의도 드리고 조언을 구하고 있다. 지금은 많은 시간이 흘렀지만 당시 과장님께서 후배 공무원을 사랑하시고 아끼셨던 따뜻한 마음을 지금도 온몸으로 느끼고 있고 글을 쓰고 있는 지금까지도 매우 감사하게 생각하고 있다.

새내기 공무원들은 공무원으로서 어떻게 성장할 것인지 본인이 스스로 터득하든지 인생멘토에게 자문을 구하든지 가급적 빠른 시일 내 본인의 여건에 맞는 인생의 성장경로를 작성하고 이를 충실하게 실행해 본다면 아마도 10년 후에는 그렇지 않은 공무원들과 엄청나게 큰 차이가 발생될 것이다.

새내기 공무원 중에는 공무원은 평생직장이므로 매일 근무에만 충실하면 매달 정기적으로 월급이 나오고 노후에는 연금까지 나오니까 미래를 생각할 필요가 없다고 생각하는 공무원들이 많이 있는 것도 사실이다. 물론 공무원은 평생직장일 수도 있겠지만 공무원도 직장인이라는 사실을 생각하면 미래에 대한 생각들이 달라질 수 있을 것이다.

지방공무원으로 은퇴하신 많은 선배 공무원들의 이야기를 들어보면 좀 더 일찍 인생에 대한 목표를 세워서 공무원생활을 했다면 더욱 좋았을 것이라고 정말 후회된다는 말들을 많이 하신다. 새내기 공무원들은 가급적 다양한 분야에서 활동하는 인생 선배들의 조언에 항상 귀 기울이고 평소에 관심이 있는 분야를 선정하여 집중하여 연구한 다음 이에 매진한다면 훌륭한 지방공무원뿐만 아니라 직장인으로 성장할 수 있을 것이다.

제7절

인 생 멘 토

◇◇◇◇◇◇◇◇◇◇◇◇◇

 현재의 시대는 매우 빠르고 다양한 변화가 급속하게 진행되고 있으므로 지방공무원의 근무여건에도 많은 변화가 있다. 이러한 시대적인 요구가 반영된 행정업무가 추진될 수 있도록 지방행정에 대한 전문성을 요구하는 사항들이 점차 늘어가고 있다. 따라서 주민들의 다양한 요구사항에 대하여 슬기로운 해결방안을 모색하는 것이 매우 필요한 시기이다.

 지방공무원들은 날로 높아지는 주민들의 요구사항들을 행정업무에 반영하고 이에 맞게 행정업무의 전문성을 확보하는 것이 절실히 요구되고 있다. 하지만 새내기 공무원들은 이러한 시대적인 변화에 빠르게 적응하고 본인들의 경력관리를 어떻게 하여야 하는지 등 올바른 방향을 설정하기가 다소 어려운 것도 사실이다.

 지방공무원 조직에는 매우 다양한 분야가 있고 입직경로 역시 매우 다양하여 조직 구성원들을 면밀히 분류해 보면 너무 많은 다양성들이 존재한다. 이렇게 다양한 조직 구성원들 속에서 새내기 공무원들은 조직에 적응하는 방법을 잘 모르는 경우가 있다. 또한 주민들에게 만족할 만한 행정서비스를 제공할 수 있는 능력을 배양하기 위해서도 많은 노력들이 요구되고 있다.

새내기 공무원들은 급변하는 행정환경 속에서 담당업무추진, 다양한 행사에 동원, 부서 내 협무협조 등으로 많은 시간을 보내다 보면 본인들도 모르는 사이에 시간은 흐르고 근무기간만 늘어감을 느끼게 된다. 따라서 새내기 공무원들은 어느 날 문득 올바른 자세로 근무를 하고 있는지, 앞으로 경력관리는 어떻게 하여야 하는지 등 위기감과 초조함을 느끼게 되는 시기가 다가올 것이다.

따라서 새내기 공무원에게는 추진하고 있는 여러 업무 중 해결하기 어려운 문제에 직면하였을 때나 조직 내 원만한 인간관계를 유지하는 데 고민들이 생겼을 때 이를 원만하게 해결할 방안에 대한 조언을 해 줄 수 있는 인생의 멘토가 반드시 필요할 것이다.

멘토의 중요성에 대하여 필자의 경험을 이야기해 보면 다소 도움이 될 것으로 생각되어 적어보고자 한다. 필자도 새내기 공무원 시절 업무문제로 많은 어려움을 겪고 있었는데 당시의 업무능력으로는 도저히 해결될 것 같지 않는 문제들도 인생 선배인 멘토 공무원의 도움을 받아서 아주 쉽게 해결한 경험들이 많이 있다.

새내기 공무원 시절 어려운 업무를 추진하는 과정에서 팀장으로 모시던 상사가 업무적으로나 인간적으로나 항상 많은 조언도 해 주시고 처리하기 어려운 업무들을 접할 때마다 슬기롭게 대처할 수 있는 다양한 방법들을 알려 주셨다. 아울러 인생의 경험도 일천한 후배 공무원에게 세상을 살아가는 방법에 대해서도 매우 자상하게 지도해 주셨다. 새내기 시절 만난 직장의 상사를 오랜 세월이 지난 지금까지도 인생의 멘토로 모시고 필요한 경우 조언을 구하고 있다.

인생에서 좋은 멘토를 만나는 경로는 다양하겠지만 우선 지방 공무원으로 업무라는 매개체를 통해서 본인의 업무 스타일에 맞는 분과 유대감을 갖고 어려운 일이 있을 때마다 후배 공무원이 먼저 조언을 구하고 필요할 때 수시로 찾아가서 상담을 요청하면 선배 공무원들은 후배 공무원들을 따뜻한 마음으로 격려해 주시고 기꺼이 인생의 멘토가 되어 주실 것이다.

멘토는 업무에 대한 것은 물론이고 직장인으로서 어려움이 있을 때 부족한 부분을 아낌없이 채워 주시고 본인이 직장인으로 생활하면서 경험한 소중하고 귀한 인생의 노하우를 아낌없이 전수해 주실 것이다.

아울러 새내기 공무원들이 인생멘토인 선배 공무원들이 공직에 근무하는 기간 동안 터득한 많은 지혜들을 아낌없이 전수받게 된다면 대부분 공무원들이 업무를 추진하는 과정에서 겪는 시행착

오들을 사전에 예방할 수 있다. 또한 소관업무를 효율적으로 추진할 수가 있어서 공무원으로 근무하는 전 과정이 매우 순탄하게 진행될 것이다.

인생멘토는 반드시 한 사람으로 한정하기보다는 분야별로 본인의 형편에 맞게 선정해서 끈끈한 유대관계를 맺는다면 더욱 좋을 것이다.

또한 새내기 공무원들이 올바른 직장인으로 성장하기 위해서는 다양한 분야를 직접 경험하고 업무를 추진하는 과정에서 발생되는 문제에 대한 해결방안에 대하여 스스로 터득해 가는 것도 필요하다. 하지만 사회생활 초년병시절에는 인생의 좋은 멘토의 조언과 충고를 마음속에 간직하고 어려운 문제가 발생될 때마다 인생멘토에게 지혜를 구하고 이를 실천하도록 노력한다면 훌륭한 직장인으로 성장하는 데도 매우 큰 도움이 될 것이다.

주 무 관 자 세

◇◇◇◇◇◇◇◇◇◇◇◇◇◇◇

새내기 공무원으로 근무기간이 지나면 승진을 통해서 직급도 올라가고 업무에 대한 중요도와 난이도가 높아진다. 부서에서도 후배 공무원들이 생기는 등 새내기 주무관들보다 상대적으로 어렵고 힘든 업무를 추진하는 등 책임 있는 실무자급 주무관 위치에 도달하게 된다. 이러한 단계에 도달하면 상위직급에 있는 팀장, 과장과 부서 내 현안업무에 대한 토론도 하는 중요한 위치에 도달하게 된다. 아울러 공무원 경력이 일천한 주무관들이 업무적으로 어려움이 있으면 업무에 대한 조언도 해 주고 후배 주무관들이 해결하기 힘든 문제를 함께 고민하고 도와주려는 마음자세가 필요하다.

이 시기에는 먼저 담당업무에 대한 전문성을 기르도록 노력하여야 하는데 일부 주무관 중 업무에 대한 자신감 부족으로 본인이 당연히 처리하여야 할 업무를 후배 공무원이나 동료 주무관들에게 미루거나 힘든 업무를 회피하는 경우도 있다. 일부 주무관은 업무분장 시 민원이 많이 발생되거나 누구나 담당하기를 꺼려하고 힘든 업무들을 기피하는 주무관들도 있다.

책임자급 주무관들은 부서에서 중요한 업무를 추진한 실적을 토대로 승진을 하면 자치단체에서 팀장의 직위가 부여된다. 이러한 직위를 잘 수행하기 위해서는 주무관 시절 본인이 맡은 업무에 대해서는 전문가 수준으로 처리할 수 있도록 업무처리 능력을 배양하고 동료공무원들과 원만한 유대관계를 갖는 것이 필수적이다.

아울러 본인에게 주어진 업무를 슬기롭게 처리하기 위해서 부서 내에서는 물론 타부서의 협조를 얻어서 처리해야 하는 업무들이 많이 있다. 이와 같이 타 팀이나 부서의 업무협조를 얻기 위해서는 평소 조직 내 많은 공무원들과 원만한 관계망을 형성하고 이들과 긴밀한 유대관계를 통하여 업무협조를 구하고 이를 통하여 조직발전에 기여하도록 노력해야 한다.

책임자급 주무관들 중에는 과중한 업무로 인한 스트레스와 원만한 인간관계를 유지하지 못하여 많은 어려움을 겪고 있는 주무관들도 일부 있다. 이러한 사례들이 발생되지 않기 위해서는 새내기 공무원 시절 다양한 업무에 대한 경험을 통한 전문성을 기르고 본인에게 어떠한 업무가 주어지더라도 자신 있게 추진할 수 있도록 많은 노력을 경주하고 후배 공무원들을 잘 이끌 수 있도록 노력해야 한다.

일부 책임자급 주무관 중 민원이 적게 발생되거나 상대적으로 처리하기 쉬운 업무만 찾아서 부서를 이동하는 주무관들이 가끔 있다. 이는 매우 잘못된 주무관의 근무자세이고 이들이 상위직급으로 승진하더라도 후배 공무원들에게 업무에 대한 정확한 조언이나 올바른 길라잡이를 하지 못하고 우왕좌왕하는 모습들을 많이 보이고는 하는데 이는 매우 안타까운 현실이다.

지방공무원 입문기에서 이야기하였듯이 주무관들은 본인이 원하는 업무보다는 조직에서 중요하다고 평가하거나 민원이 많이 발생하여 다른 공무원들이 담당하기를 싫어하는 업무를 적극적으로 담당함으로써 본인의 업무역량도 향상되고 조직 내에서 유능한 공무원으로 소문이 나는 동시에 매우 유능하고 역량 있는 공무원으로 성장할 수 있을 것이다.

제2절

조 직 이 해

◇◇◇◇◇◇◇◇◇◇◇◇

새내기 공무원으로 일정한 근무기간이 지난 주무관들은 부내에서나 조직에서 중요한 위치를 차지하고 주무관 개인에게도 매우 중요한 시기이다. 주무관들이 처리하는 업무의 대부분은 해당부서나 해당국에서 중요한 업무로 난이도 역시 매우 높은 경우가 대부분이다. 이렇게 난이도가 높은 업무를 원만하게 추진하기 위해서는 부서 내나 조직 내에서 다른 공무원들 업무협조가 필수적이다.

이 시기를 지나면 팀장으로 승진하여 보직을 받을 수 있으므로 주무관들은 높은 근무평정을 받을 수 있는 다소 유리한 부서로 이동하기를 원한다. 근무평정에서 다소 유리한 부서로 이동하기 위해서는 동료간 치열한 경쟁을 이겨내야 하고 승진을 위해서는 일부 자치단체에서 다면평가도 실시하고 있으므로 이에 대해서도 별도로 신경을 써야 한다.

이 시기에는 주무관들이 처리하는 업무의 난이도가 높은 업무가 대부분으로 부서 내에서는 물론 타부서의 공무원들과 원활한 유대관계를 형성하는 것이 절대적으로 필요하다. 조직생활을 하는 과정에서 주무관들은 업무에 대한 어려움보다 인간관계의 어려움으로 부서를 자주 이동하는 주무관들을 가끔 보게 되는데 이들의 공통점은 타인에 대한 이해가 부족하거나 본인의 이익을 먼저 앞세우고 직원간 협력하려는 마음이 부족한 경우가 대부분이다.

주무관들에게 직장 내 좋은 인간관계 형성에 대하여 어떻게 생각하고 있는지 물어보면 대부분 주무관들은 상사들에게 식사 대접을 자주 하고 아부를 잘하며 같은 부서에서 근무한 경험이 있거나 학연이나 지연 등 개인적으로 친분관계에 있는 공무원들과 자주 만나는 모임들을 통해서 좋은 인간관계를 유지할 수 있다고 대답을 한다.

공무원들은 조직 내에서 좋은 인간관계를 형성하기 위해서 개인적인 친분 등으로 모임을 자주 하는 것보다 먼저 담당하는 업무에 대한 전문가가 되어야 한다. 이렇게 이야기하면 일부 주무관들은 본인이 맡은 업무에 충실하는 것이 조직 내 좋은 인간관계 형성과는 무슨 상관관계가 있는지 의아하게 생각하고 도저히 이해할 수 없다는 반응을 나타낸다. 오히려 주무관들에게 더 많은 업무를 시키기 위하여 이야기하는 것으로 오해를 하는 경우가 많이 있는데 이는 조직의 특성을 올바르게 이해하지 못하기 때문이다.

지방공무원으로 구성된 자치단체는 지역에 당면한 현안문제들을 해결하고 주민들과 밀접한 연관성이 있는 업무들을 처리하는 기관이다. 공무원 조직은 개인의 이익을 위하여 개인사업을 하는 사업조직과 다르게 공공의 이익을 추구하는 단체이다. 그러므로 개인의 성향이 업무처리에 많이 개입할 수 없도록 업무처리 시 반드시 법령이나 규정을 준수하여 처리하도록 되어 있다.

이러한 조직의 특성을 이해한다면 지방공무원 조직은 일하는 단체이고 공무원 개인은 조직을 구성하는 구성인들이다. 따라서 조직 내에서 주무관들이 맡은 업무를 소홀히 하거나 잘못 처리한다면 조직의 신뢰가 떨어지고 주민들로부터 많은 민원들이 제기된다. 결국 주무관들이 업무를 소홀히 하면 피해는 지역에 거주하는 주민들에게로 돌아간다.

주무관들은 자치단체 주민들로부터 신뢰를 얻기 위해서는 주민들 삶의 질 향상을 위하여 열심히 업무를 추진하고 주민들의 요구사항을 행정업무에 슬기롭게 반영하여 소관업무를 처리하여야 한다는 사실에 대해서 별다른 이견이 없을 것이다. 하지만 일부 주무관들은 본인에게 주어진 일을 열심히 추진하기보다는 업무

외적인 곳에 관심과 에너지를 집중하는 소위 정치공무원들이 특별한 혜택을 받는 경우도 가끔 있다.

이들을 주의 깊게 관찰해 보면 일순간은 잘 나가는 것 같지만 계속해서 잘 나가는 경우는 보지 못했다. '세상에는 영원한 것이 없다'라는 말처럼 시대가 변함에 따라 사람도 바뀌고 주변여건이 바뀌는 것이 세상의 당연한 원리인 것처럼 정치공무원에게 한번 주어진 행운이 동일한 공무원에게만 계속적이고 반복적으로 주어지지는 않는다. 주무관들은 이런 세상의 원리를 일찍부터 마음속에 깊이 새기고 반드시 기억하여야 한다.

너무도 당연하고 평범한 세상의 이치를 이해한다면, 주무관 시절 본인이 맡은 일에 열과 성을 다하고 최선의 노력을 경주한다면 부서 내에서 인정받고 더 나아가 조직전체에서 인정받는 공무원이 될 것이다. 이런 주무관들은 부서 내 결원이 발생하거나 승진기회가 주어지면 같이 근무했던 동료들이나 상사들이 추천을 통해서 승진기회를 얻을 수도 있다.

앞에서 언급하였듯이 일부 주무관들은 직장 상사들에게는 아부를 잘하고 개인적인 성향에 맞는 동료들과 자주 모임을 갖는 것이 조직 내에서 좋은 인간관계를 형성하고 공무원생활에 많은 도움이 되는 것으로 오해를 하기도 한다. 하지만 공무원 조직은 업무를 추진하여야 하는 단체이므로 부서나 조직 내에서 열심히 일하는 주무관으로 소문이 나고 이를 통해서 조직 내에서 인정받는 주무관이 되는 것이 다른 주무관들보다 빠르게 성장하는 지름길이 될 것이다.

보고서 쓰기

   지방공무원으로 근무하는 과정에서 보고서를 작성하는 업무는 주무관들이 반드시 숙지하여야 할 업무 중에서 큰 비중을 차지하고 있다. 현재 업무처리 시스템은 계층제를 통해 단계적으로 결재하는 형태로 운영되고 있으므로 보고서를 작성하는 것은 주무관들에게 매우 중요하고 신경을 써야 하는 업무 중 하나이다.

   지방공무원들이 작성하는 보고서는 현안업무를 처리한 후 문제가 발생될 경우 책임소재를 명확하게 규정하는 수단이 되기도 하지만 단계별로 보고서를 검토하는 과정에서 업무추진 시 발생될 수 있는 시행착오를 최소화하고 민원발생을 사전에 차단하여 현안업무 추진의 효율성을 제고하고 지방행정에 대한 신뢰도를 향상시키는 유용한 수단이기도 하다.

   현안업무 추진 시 이렇게 중요한 보고서가 잘 작성되려면 보고를 받는 자의 관점에서 작성되어야 하는데 일부 주무관들이 작성한 보고서를 검토해 보면 보고를 하는 자의 관점에서 작성된 내용들이 많아서 보고를 받는 상급자 입장에서 쉽게 이해를 못하는 경우들이 많이 있다.

보고를 받는 자 입장에서 작성된 보고서는 현안업무에 대한 추진근거나 추진배경에 대해서 먼저 명확하게 설명을 하고 보고하고자 하는 중요한 내용들을 기술하는 것이 일반적이다. 왜냐하면 현안업무를 직접 추진하는 주무관은 해당 업무 내용에 대하여 상세하게 알고 있지만 보고를 받는 결재권자는 해당 업무를 명확하게 인지하지 못한 상태에서 보고를 받는 경우들도 많이 있다.

일부 주무관들이 보고서 작성에 또 하나의 실수를 범하는 사례가 있는데 이는 현안업무에 추진배경과 현재 문제가 되는 중요한 내용은 생략하고 처리방향 위주로 간략하게 보고서를 작성하는 주무관들도 많이 있다.

이렇게 작성된 보고서를 검토하는 관리자들이 보고서 작성이 잘못 되었다고 주무관으로 하여금 보고서를 다시 작성하게 하게 하는 등 아까운 시간을 낭비하는 경우도 있다. 주무관들은 현안 업무를 해결하기 위한 시간이 부족한데 해당 업무 추진에는 전혀 도움이 안 되고 중요하지도 않는 쓸데없는 보고서 작성으로 주무관들은 매우 귀찮게 한다고 불평을 하는 이야기를 많이 들었다. 주무관들에게 이러한 오해가 발생된 배경은 보고를 하는 자와 보고를 받는 자 사이에 이해가 부족하거나 주무관의 입장에서만 작성된 보고서인 경우가 대부분이다.

주무관들은 결재권자의 의도가 정확하게 반영된 보고서를 작성하기 위해서는 평소 본인이 맡은 업무에 대하여 많은 관심과 노력을 기울여야 하고 평소 본인들이 해당 업무를 추진하는 과정에서 열과 성을 다하여 업무내용을 완전히 숙지하고 추진하도록 노력하여야 한다.

관리자들은 주무관들이 작성한 보고서를 검토하는 과정에서 보고서 내용을 완전하게 이해한 연후에 해당사업 추진 시 어떤 민원발생이 예상되는지, 사업추진으로 인하여 수혜를 받는 자가 누구인지, 예산확보는 가능한지 등 다각적인 검토가 필요하다. 따라서 주무관들은 보고서를 작성 시 보고를 받는 자들이 사업의 추진배경 등을 포함하여 해당사업을 가장 빠르고 쉽게 이해할 수 있도록 작성하여야 하고 사업추진으로 인하여 민원발생이 예상되면 이에 대한 대안도 마련하여 보고하는 자세가 필요하다.

좋은 보고서는 누구나 쉽게 이해할 수 있도록 작성되고 중요한 업무내용이 포함된 보고서이므로 주무관들은 서론부분에 추진배경 등을 간략하게 기술한 다음 추진내용은 육하원칙(5W1H)에 맞게 작성하여 중요한 내용을 빠짐없이 기술할 수 있도록 작성하여야 한다.

이러한 방법으로 작성되지 못한 보고서는 관리자들이 해당 사업을 정확하게 이해하지 못하여 해당사업의 추진방향이나 문제점에 대한 대안들을 정확하게 조언을 해 주기 어려운 경우가 많이 있다. 주무관들이 보고서를 작성할 경우 보고자의 입장에서 보고서를 작성하지 않도록 특히 주의해야 하고 해당 업무에 대하여 최종적으로 결정권을 가지고 있는 결재권자의 의도가 보고서에 정확하게 담겨지고 결재권자가 쉽게 이해할 수 있도록 보고를 받는 자의 입장에서 작성되도록 주의하여야 한다.

주무관들은 좋은 보고서를 작성하기 위해서는 다른 공무원들이 작성한 보고서 내용을 벤치마킹하는 노력을 기울여야 한다. 좋은 보고서를 작성하기 위해서는 해당 업무에 대한 충분한 이해를 한 연후에 대안마련이 필요한 경우 이에 대한 대안마련이 포함된 보고서를 작성하되 다른 공무원들이 작성한 좋은 보고서 작성형식을 참고하여 본인 스타일에 맞도록 응용하는 능력을 배양하여야 한다.

관리자들마다 보고서 작성 시 중요하게 생각하는 내용들이 상이하기 때문에 관리자들의 성향에 맞게 보고서를 작성하는 연습도 필요하다. 관리자들은 본인의 취향에 맞게 보고서 배열순서를 조정한다든지 보고내용 중 특히 일정한 분야를 강조한다든지, 관리자들마다 본인들의 취향에 따라 보고서를 작성하는 형식을 다르게 하는 경우가 많이 있는데 이는 결재권자마다 강조하고자 하는 내용들이 다르기 때문이다.

또한 관리자들마다 사물을 바라보는 관점이 다르기 때문에 보고서를 작성하는 형식들이 매우 상이할 수 있으므로 주무관들은 관리자들의 성향에 맞게 보고서를 작성하는 능력을 터득하고 다양한 방법으로 보고서를 작성할 수 있는 능력이 배양된다면 주무관들의 보고서 작성업무에 대한 실력이 비약적으로 향상될 것이다.

주무관 시절 관리자들의 성향에 맞도록 다양하게 보고서를 작성할 수 있는 능력이 배양된다면 관리자들이 당면한 현안업무를 어떠한 시각으로 바라보고 이를 해결하는 방법들이 관리자들마다 어떻게 다른지 벤치마킹할 수 있는 좋은 계기가 될 것이다. 이러한 기회를 적극적으로 활용한다면 주무관들의 보고서 작성능력은 매우 향상될 것이다.

제4절

보 고 요 령

◇◇◇◇◇◇◇◇◇◇◇◇◇◇◇◇

주무관들은 소관업무를 추진하는 과정에서 계획을 수립하거나 각종 공문서를 작성하여 담당업무와 관련하여 보고들을 하는 경우가 많이 있다. 일부 주무관들이 처리하는 업무 중에는 민원창구에서 민원서류 발급 등 담당자 전결사항도 있겠지만 대부분 주무관들이 작성한 문서는 결재라인을 통하여 보고하는 절차를 거쳐서 의사결정을 하게 된다.

주무관들이 처음 공직에 입문하는 과정에서 필수적으로 받아야 하는 신규교육이나 재직자들을 상대로 실시하는 문서분야의 직무교육에서 보고서 작성방법에 대해서 교육을 시키고 있지만 보고요령에 대해서 교육전문기관이나 외부 전문가로부터 교육을 받는 경우는 없는 것이 사실이다. 주무관들이 처리하는 업무 대부분은 문서를 작성하고 업무추진을 위한 다양한 의사결정을 위해서 항상 보고를 하고 있지만 이에 대한 전문적인 교육시스템이 없는 것은 매우 아이러니한 현상이다.

68
69

주무관들은 명확하고 간결한 보고요령에 대하여 체계적인 교육을 받은 경험이 없기 때문에 보고문서를 작성한 다음 보고시기는 언제가 좋은지, 보고방법은 어떻게 해야 하는지 등 고민들을 많이 하게 된다. 주무관들은 특별한 경우가 아니면 팀장이나 과장, 국장에게 보고를 하는 경우가 대부분으로 평소에 결재권자들과 업무적으로 부담 없이 의사소통할 수 있는 관계를 유지하는 것도 필요하다.

주무관들이 담당업무를 효율적으로 추진하기 위해서는 소관업무에 대한 내용을 충분히 숙지를 한 후에 해당 업무를 추진하는 과정에서 발생이 예상되는 문제점들을 있는 경우 숨김없이 솔직하게 이야기하는 습관을 들여야 한다. 팀장과 업무에 대한 처리 방향을 설정하거나 대안을 마련하는 경우 주무관도 본인의 의견을 충분히 개진하여 해당 업무가 완벽하게 처리가 될 수 있도록 조치하여야 한다.

팀장은 민원인과 행정접점에서 업무들을 처리하는 경우가 대부분으로 해당 업무에 대한 현장감각도 있고 민원인들과 직접상담 등을 통하여 업무추진에 대한 애로사항과 문제점들도 상세하게 파악하고 있다. 따라서 주무관들은 해당 업무를 추진과정에서 발생하는 문제점과 애로사항에 대해서 팀장에게 수시를 보고를 드리고 의사를 결정을 하는 과정을 거치도록 노력하여야 한다.

　팀장들은 주무관들과 해당 업무에 대하여 수시로 의견들을 교환하였기 때문에 주무관들이 본인의 견해를 분명히 밝히지 않으면 팀장은 주무관이 해당 업무에 대하여 별도의 의견이 없는 것으로 간주하여 처리하는 경우가 많이 있다. 따라서 주무관들은 팀장에게는 보고형식에 구애받지 말고 수시로 보고를 하되 해당 업무에 대한 문제점이 있다면 이에 대한 해결방안을 모색하는 과정에서 본인의 견해를 분명히 밝히는 태도가 매우 중요하다.

　따라서 주무관들은 어떤 사업을 추진하는 경우 먼저 해당 업무에 대한 추진배경과 현재의 추진상황을 충분히 숙지를 한 후에 결재권자가 올바르게 상황을 판단할 수 있도록 보고하고자 하는 내용을 간략하고 명확하게 보고를 하여야 한다. 하지만 일부 주무관들은 이러한 노력을 소홀히 하는 경향이 있는데 이는 매우 잘못된 주무관의 자세이다.

　과장은 부서 내 여러 가지 현안업무들을 추진해야 하므로 주무관이 보고하는 해당 업무에 대하여 완벽하게 이해를 못하는 경우도 가끔 있다. 이러한 문제가 발생되지 않기 위해서는 주무관은 해당 업무에 대한 추진배경이나 추진근거 등을 먼저 상세하게 보고하여 과장이 해당 업무를 충분히 이해한 한 후에 업무추진으로 인하여 발생이 예상되는 문제점들을 구체적으로 보고하여야 한다.

하지만 일부 과장들이 해당 업무 추진배경 등을 충분히 숙지하지 않고 주무관이 작성한 보고서 내용만으로 상황을 판단하여 잘못된 의사결정을 하는 경우 많은 민원이 발생되기도 한다. 과장들에게 이러한 문제가 발생되지 않도록 하기 위해서는 주무관으로부터 해당 업무에 대한 추진배경 등에 대한 충분한 설명을 들은 후 추진하고자 하는 사업이 조직 내 다른 사업과 어떠한 연관성이 있는지, 해당사업을 추진함으로서 민원은 발생되지 않는지 등을 종합적으로 판단한 이후에 주무관의 의견을 참고하여 해당 업무에 대한 추진방향 등을 설정하도록 노력하여야 한다.

결재권자인 과장들은 동일한 업무에 대하여 실무자인 주무관들과 바라보는 관점이 매우 다를 수 있고 해당 업무의 문제점에 대한 해결방안도 당연히 다르게 구상할 수 있다. 주무관과 과장들은 현안업무에 대하여 다른 시각으로 조명하는 일들이 많기 때문에 주무관들은 먼저 해당 업무에 대하여 완벽하게 숙지하고 이해한 다음 결재권자에게 보고를 하는 습관을 가질 필요가 있다

주무관들은 결재권자에게 문제해결을 위한 대안을 작성하여 보고할 경우 정당한 근거에 의거한 본인의 견해를 확실하게 밝히는

태도를 기르는 것이 필요하다. 하지만 가끔은 주무관들의 사견이나 근거가 부족한 대안을 마련하여 보고를 하는 경우가 많이 있는데 이는 매우 잘못된 보고자세이고 이러한 보고들을 하지 않도록 특히 주의해야 한다.

제5절

보 람 있 는 업 무

◇◇◇◇◇◇◇◇◇◇◇◇◇

새내기 주무관으로 일정한 근무기간이 경과하면 조직에서 여러 부서 근무를 경험해 볼 수 있으므로 근무하는 부서마다 다양한 업무들을 접할 수 있게 된다. 지금은 급변하고 있는 시대의 흐름에 맞도록 행정업무에 대한 주민들의 요구사항도 점차적으로 증가하는 실정이다. 주무관들은 이러한 시대적 흐름에 맞게 적응하고 공무원생활에도 보람을 느낄 수 있도록 본인들의 적성에 맞고 공무원 근무기간 동안 중점적으로 연구해 보고자 하는 분야를 찾기 위해서는 학교에서 관련분야 전공을 하였거나 경험했던 업무 중에서 특별히 관심이 있는 분야를 찾을 수 있는 기회를 갖기 바란다.

옛말에 '자기의 일을 즐기는 자는 누구도 대적할 수 없다'라는 말이 있듯이 주무관들도 담당업무를 의무감으로 처리하는 것보다 본인의 적성에 맞는 업무를 즐기면서 효율적으로 추진한다면 주민들에게 만족할 만한 행정서비스를 제공할 수 있고 본인들의 업무에 대한 만족도는 높아지고 이를 통하여 자치단체의 행정서비스가 향상될 것이다.

필자는 공무원생활 초기에 많은 민원발생으로 다른 공무원들이 담당하기를 꺼려하는 다단계판매업 등록업무를 처리하는 부서에서 근무를 한 경험이 있다. 그 당시 다단계판매업은 사회적으로 큰 이슈가 될 만큼 많은 민원이 발생되고 거친 민원인들로 인하여 기피업무로 인식되어 부서 내에서 다단계판매업 등록업무를 담당하는 것을 회피하거나 기피하는 업무 중 하나였다.

다단계판매업과 관련부서에서 함께 고생했던 동료공무원의 추천으로 중소기업육성 지원업무를 관장하는 부서로 발령을 받게 되었다. 중소기업육성지원에 대한 업무를 주로 하는 부서는 전에 근무했던 부서와 근무분위기와 업무내용도 매우 다르며 업무처리 시 숙지하여야 할 규정들도 많이 있었으며 업무처리 시스템이 매우 상이하여 업무를 숙달하는 데 많은 어려움을 겪었던 기억이 난다.

하지만 중소기업육성기금 지원업무를 담당한 지 상당한 시간이 흐르고 당시 함께 근무했던 동료공무원들의 도움으로 기금업무에 대한 이해도가 조금씩 향상되었다. 아울러 IMF직후 어려운 여건에 처해 있는 중소기업 육성을 지원하는 업무에 대한 애착이 자연스럽게 생겨나게 되었다. 기금지원 업무는 많은 부서 중에서 한정된 부서에서만 기금이 조성되어 있으며 기금업무를 처리하는 부서 내에서도 기금업무를 담당해 볼 수 있는 기회를 갖는다는 것은 개인적으로 행운일 수도 있었다. 하지만 기금지원 업무에 대한 의문이 생겨서 이를 문의하려고 하여도 문의할 공무원들이 없었기 때문에 기금지원 업무처리 과정을 숙지하는 데 다소 어려움이 있었다.

당시 해당부서에서 처리하는 업무 중에는 다른 어려운 업무들도 많이 있었지만 기금규모가 크고 기금을 지원하는 기업체들도 많아서 기금업무를 정확하게 파악하고 숙달하는 과정에서 많은 어려움을 겪었다. 그 당시 기금의 규모가 3,000억원 정도 되었으며 당시는 IMF직후라서 벤처기업을 육성하고 자금난으로 어려움을 겪고 있는 중소기업에 자금을 지원하는 업무가 매우 중요하게 인식되고 있었으며 사회적으로도 큰 관심사였던 업무 중에 하나였던 것으로 기억이 된다.

당시 과장님께서는 해당 자치단체에서 기금을 포함한 예산업무를 총괄하셨다. 따라서 예산업무에 대해서 매우 해박한 지식을 가지고 계셨을 뿐만 아니라 예산통으로 소문이 났음에도 불구하고 직원들이 예산업무에 대해서 문의하면 매우 자상하고 친절하게 가르쳐 주셨다. 또한 예산업무에 대한 높은 식견을 가지고 계셨지만 후배 공무원들을 매우 사랑하고 아끼셨던 존경하는 선배 공무원이셨다.

IMF직후 중소기업육성지원을 위한 과중한 업무들로 인하여 많은 공무원들이 해당부서를 떠났으며 공무원들 사이에서 기피 부서로 인식되었지만 '하늘이 무너져도 솟아날 구멍이 있다'라는 속담이 있듯이 당시 과장님께서는 기금업무에 해박한 지식을 가지고 계셨고 기금업무에 대한 많은 지식을 아낌없이 전수해 주셨다.

과장님께서는 중소기업육성 지원업무를 담당하는 공무원들과 매일 한 시간씩 업무에 대한 연찬을 통해서 기금을 포함한 예산업무 전반에 대하여 본인이 알고 있는 지식들을 자세하게 지도해 주시고 기금업무 처리에 대한 다양한 기법들을 아낌없이 전수해 주셨다.

지금 생각해 보면 당시 과장님께서는 IMF극복이라는 큰 문제들을 해결하기 위하여 부서 내 산적한 현안문제에 대한 처리방향을 설정하고 각종 언론보도 사항에 대한 많은 보고서를 작성하느라 매우 바쁘고 힘이 드셨을 것이다. 하지만 직원들 앞에서 한번도 싫은 내색도 하지 않으시고 후배 공무원들이 중소기업육성 지원업무에 대하여 궁금해 하거나 미숙한 업무처리에도 짜증을 한번 내지 않고 자상하게 기금업무 처리에 관한 정수들을 아낌없이 전수해 주셨다.

정말 고맙고 존경스러운 과장님으로 기억하고 있으며 공직생활이 끝나도 영원히 기억해야 할 고마운 선배 공무원이라고 생각한다. 우리 공직사회에는 본인이 공무원생활 중 터득한 업무에 대한 다양한 노하우를 자상하게 전수해 주시는 훌륭한 선배 공무원이 계셨고 이러한 선배 공무원의 자상한 지도와 배려 덕분에 오늘까지 자치단체가 현재처럼 발전될 수 있었다고 생각되며 지금도 그때의 고마움을 잊을 수가 없다.

본인도 조직을 옮겨서 근무한 기초자치단체에서 선배 공무원들의 배려 덕택에 예산담당 팀장으로 3년이나 근무를 할 수 있었다. 본인의 경험담으로 이야기가 흘렀지만 본인이 원했든지 타인이 추천으로 업무를 담당하였든지 해당 업무가 본인의 적성에 맞는 업무라고 생각되면 주무관들은 이 분야를 지속적으로 담당할 수 있는 계기를 마련할 수 있도록 적극적으로 해당 업무에 특별한 관심을 가지기 바란다.

본인의 적성에 맞는 업무나 관심이 있는 업무를 담당하기 위해서는 주무관 시절 본인이 맡은 업무에 대하여 열과 성을 다하여 추진하고 해당 업무를 완벽하게 숙지할 수 있도록 특별한 노력을 경주하여야 한다. 이러한 과정을 거치게 된다면 공무원으로 근무하는 기간 동안 본인에게도 보람 있고 특정업무에 대한 전문가로 성장하기를 기대해 본다.

제6절

보 도 자 료

◇◇◇◇◇◇◇◇◇◇◇

지방자치시대가 정착되면서 주무관들이 매우 어렵게 생각하는 업무 중의 하나는 보도자료를 잘 쓰고 본인들이 추진하는 사업들을 어떻게 하면 효과적으로 홍보할 수 있는지 방법들을 터득하는 것이다. 관선시대에는 지방공무원들이 담당하고 있는 업무를 문제없이 추진하고 업무를 추진하는 과정에서 법령을 적용하는 데 큰 문제가 발생되지 않으면 담당업무를 잘 했다고 칭찬을 받던 시절도 있었다.

지방자치시대가 시작되기 전에는 지방공무원들은 홍보업무를 중요하게 생각하지 않았고 어떻게 하여야 홍보업무를 잘 할 수 있는지 큰 관심을 갖거나 고민을 하지 않았던 것도 사실이다. 요즈음은 각종 대중매체가 발달되고 이에 맞는 소통방법에도 많은 변화가 있으므로 주무관들도 시대적인 변화에 맞게 이를 효과적으로 활용하는 방법을 익히고 이를 활용한 다양한 홍보기법들을 도입하고 있다.

주무관들은 다양한 소통매체의 발달과 더불어 담당업무를 효과적으로 홍보하기 위하여 타 자치단체에서 시행하는 다양한 홍보기법들을 벤치마킹 하여야 하는 필요성이 점차적으로 높아지고 있는 것이 현실이다. 이러한 시대적 흐름에 맞추어 주무관들은 담당업무를 규정에 맞게 처리하는 것은 물론이고 해당 업무를 처리한 이후 그 결과를 주민들에게 널리 알리고 주민들로부터 추진한 업무에 대한 평가를 받는 등 행정환경에 많은 변화가 있다.

과거에는 주무관들이 담당업무만 열심히 하면 된다고 생각하겠지만 지방자치시대에는 단체장도 주민들로부터 업무성과에 대한 평가를 받아야 하고 주민생활과 밀접하게 관련된 업무나 다수의 주민들에게 영향을 미치는 사업에 대해서는 추진과정은 물론 사업을 종료한 후에도 처리결과를 반드시 알려주어야 한다.

지방자치시대가 정착됨에 따라 홍보업무는 더욱 중요시되고 있으므로 주무관들은 본인이 담당하는 업무에 대하여 계획수립 단계에서부터 반드시 홍보전략을 포함시켜야 하고 주민들에게 어떻게 하면 해당 업무에 대한 추진과정과 그 결과를 명확하고 효과적으로 홍보할 것인지 진지하게 고민하고 이에 맞는 홍보전략을 수립하도록 노력하여야 한다. 하지만 일부 주무관들은 홍보업무를 매우 부담스럽게 생각하고 본인이 추진한 업무가 대외적으로 알려지면 주민들로부터 혹독한 평가가 내려지고 이에 대한 책임도 감당해야 하기 때문에 본인의 업무를 대외적으로 알리는 데 다소 부담을 느끼고 홍보업무를 매우 소극적으로 처리하는 경향들이 있다.

주무관들이 대체적으로 공감하는 사항이지만 현 시대에는 홍보의 중요성이 날로 높아지고 있으며 주무관들이 홍보업무를 잘하기 위해서는 보도자료를 어떻게 써야 하는지에 고민하고 연구를 철저히 한다면 어렵게 느껴졌던 홍보업무로 인하여 발생되는 문제들을 쉽게 해결할 수 있을 것이다. 옛말에 '천리 길도 한 걸음부터'라는 말이 있듯이 보도자료를 잘 쓰기 위해서는 우선 언론사에서 해당 업무에 대해 문의를 하면 막힘없이 답변할 수 있어야 한다.

따라서 주무관들이 보도자료를 잘 쓰는 방법은 담당업무를 완벽하게 숙지를 하고 완전히 이해한 연후에 누구나 이해하기 쉬운 용어를 사용하여 작성하여야 한다. 일부 주무관들이 작성한 보도자료 내용을 검토해 보면 홍보업무를 전담하는 부서에서 제시하는 보도자료 작성형식만을 준수하는 경향이 있다. 또한 홍보내용에 맞도록 보도자료의 작성형식을 응용하여 적용하지 않고 공무원들에게 익숙한 행정용어나 어려운 말들로 보도자료를 작성하여 이를 읽는 주민들이 홍보내용을 잘 이해하지 못하거나 주무관들이 의도하는 홍보효과를 달성하지 못하는 경우가 많이 있다.

아울러 보도자료 작성 시 제목을 특히 신경을 써서 결정하여야 하는데 일부 주무관들은 이를 경시하는 경향이 있다. 그러므로 보도자료를 읽는 주민들이 보도자료 제목만으로는 보도내용을 쉽게 이해하지 못하고 오래도록 기억할 수 없게끔 선정하는 경우가 많이 있다. 보도자료 제목을 결정한 후에는 보도내용은 반드시 육하원칙을 준수하여 작성하되 홍보하고자 하는 내용을 누구나 쉽게 이해할 수 있는 쉬운 용어를 사용하여 작성하여야 한다. 또한 주무관들이 중점적으로 알리고자 하는 내용들이 있으면 가급적이면 상세하고 명확하게 작성하여 보도자료를 읽는 주민들이 쉽게 이해할 수 있도록 작성하여야 한다.

아울러 주민들은 조직에서 부서별로 추진하는 단위업무에 대한 개별적인 정보를 원하기보다는 해당 업무와 관련된 종합된 정보를 알기를 원하기 때문에 조직 내에서 해당사업과 연계되는 업무들이 있으면 이를 종합한 보도자료를 작성하도록 주의하여야 한다. 따라서 보도자료는 주무관의 관점에서 작성하기보다는 보도자료를 읽는 주민들의 입장에서 작성되어 해당사업에 대하여 종합적인 정보를 한꺼번에 널리 알리겠다는 의지가 매우 필요하다.

계 약 업 체

◇◇◇◇◇◇◇◇◇◇◇◇◇

지방공무원으로 근무하는 과정에는 다양한 업무들을 추진하겠지만 그중에서도 물품을 공급받거나 공사를 시행하는 경우 거래업체와 계약을 통해서 사업들을 추진하고 있다. 주무관들은 조직에서 중요한 위치에서 상대적으로 비중이 있는 업무들을 추진하는 경우들이 많아서 상당히 많은 예산을 집행하게 되는데, 이 과정에서 많은 계약업체와 관계를 맺고 관계들을 지속적으로 유지하게 된다.

주무관들이 추진하는 사업 대부분은 지역발전은 물론 주민들에게 편익을 제공하는 주민 밀착형 사업들이다. 계약업무 추진 시 일정한 금액 이하는 수의계약이 가능하므로 특별한 기술을 요하거나 반드시 특정업체와 사업을 추진해야 하는 경우가 아니라면 지역에 소재지를 둔 계약업체와 거래관계를 맺고 사업들을 추진하고 있다.

지역에 소재하는 계약업체와 수의계약으로 사업을 추진하면 계약업체는 지역사정에도 익숙하고 지리적으로도 가까운 곳에 위치하여 사업추진이 용이하고 사업추진 시 하자가 발생하더라도 즉시 시정을 할 수 있는 장점들이 많이 있는 것도 사실이다. 하지만 이러한 장점에도 불구하고 업무 외적인 연관관계로 인하여 인간적인 유대관계가 있을 경우 업무 추진 시 다소 불편하거나 가끔 부작용이 발생되기도 한다.

주무관들은 계약업무를 추진하는 과정에서 계약 관련규정을 엄격하게 적용하고 원칙에 위배되지 않도록 주의해야 한다. 계약관련 규정을 잘못 적용하여 사회적으로 큰 물의를 일으키거나 정상적인 사업추진이 지연되는 경우들이 종종 발생되고 있다. 주무관들이 추진하는 사업재원은 주민들이 낸 세금으로 마련되었으므로 사업추진 과정에서 계약의 기본원칙을 엄격히 준수하고 주민들이 낸 세금이 낭비되지 않도록 조치해야 한다. 아울러 해당사업도 원활히 추진되고 계약업체에도 피해를 주지 않기 위해서는 계약 당사자들에게는 공정하게 계약법령을 적용하여야 한다.

계약업무를 추진하는 과정에서 불법이 존재하면 주무관들은 사후에 반드시 이에 상응하는 대가를 치르고 이에 대한 책임도 감당해야 하므로 불미스러운 사태가 발생되지 않도록 계약과 관련된 법규를 완벽하게 숙지하고 이를 집행하도록 주의하여야 한다. 계약업무에는 언제나 계약업체들 간 경쟁관계가 존재하므로 계약 관련 규정을 잘못 적용하면 사업추진도 잘 안 되고 경쟁업체로부터 피해보상 소송이 제기될 수 있으므로 계약업무 추진 시 관련규정을 완벽하게 숙지하고 공정하게 업무를 처리하는 자세가 요구된다.

주무관들은 계약업체와 관계에서 먼저 인간적인 유대관계를 배제하고 계약의 원칙과 규정을 반드시 준수하고 이러한 업무처리를 할 수 있는 관계 속에서 인간적인 유대관계가 형성되도록 조치하여야 한다. 상호 이러한 유대관계가 계속적으로 유지된다면 지역에 소재한 계약업체도 사업이 번창하고 지역사회 발전에도 큰 도움이 될 것이다.

사업금액이 일정한 금액 이상이면 공개경쟁입찰을 통해서 계약업무를 추진하여야 하는데, 입찰 공고 시 지역제한을 두는 데 한계가 있으므로 지역에 소재한 업체가 낙찰을 받을 확률은 매우 낮다. 만약에 지역 외에 소재한 업체에서 낙찰을 받았더라도 낙찰된 업체들이 당해지역에 소재한 업체와 상생할 수 있는 방법이 있으면 반드시 상생할 수 있는 방안을 강구하도록 노력하는 것도 필요할 것이다.

주무관들은 계약업무를 추진하는 과정에서 계약을 체결하고 이를 집행하는 과정에서 많은 사업자들과 만나서 업무적으로나 업무 외적으로 다양한 유대관계를 형성하기도 한다. 주무관들이 추진하는 사업의 대부분은 지역주민들의 실생활과 직결된 주민 밀착형 사업들이 대부분이므로 사업 추진 시 철저한 관리감독으로 계획한 설계에 맞게 시공되도록 조치하여야 한다.

주무관들은 각종계약 업무를 추진하는 과정에서 많은 이해관계인들과 의견을 조율하고 이들이 요구하는 건의사항을 해당사업에 반영시키기 위해서 노력하는 과정에서 계약서에 기재된 내용 외 추가적으로 이해관계인들이 요구하는 사항을 반영하는 경우도 가끔 있다.

하지만 주무관들은 계약업무를 추진하는 과정에서 계약업무와 관련된 규정과 원칙을 반드시 준수하도록 노력하고 계약서에 기재된 내용 이외에 추가적으로 계약업체에 요구할 사항이 있으면 계약금액을 조정하는 등 계약업체에도 불이익이 발생되지 않도록 친절하고 공정하게 계약업무를 처리하는 마음자세를 갖기 바란다.

제8절

신 상 관 리

◇◇◇◇◇◇◇◇◇◇◇◇◇

　주무관들이 추진하는 사업의 많은 부분은 주민들의 실생활과 밀접하게 관련된 경우가 대부분으로 지역주민들은 주무관들이 추진하는 사업들에 대하여 많은 관심을 가지고 사업추진 과정은 물론 추진결과에 대해서도 주의 깊게 지켜보고 있다. 자치단체에 근무하고 있는 주무관 중에는 해당 자치단체가 소재하는 지역에 거주지를 두고 공무원 생활을 하는 경우가 많이 있고, 주민들의 투표를 통해서 선출된 단체장, 의원들도 무소속인 경우를 제외하고 정당에 소속되어 있어 뚜렷한 정치적인 성향을 가지고 있다. 또한 지역에서 추진되는 각종 사업뿐만 아니라 각종 행사 등 자치단체 업무에 대한 많은 관심과 애착을 가지고 있는 지역의 유지들도 많이 있다.

　이러한 환경 속에서 근무하는 주무관들은 본인들의 행태에 따라 때로는 불필요한 오해를 받는 경우도 가끔 있다. 본인은 공정한 잣대로 소관업무를 처리한다고 하더라도 해당 업무와 관련된 사람들과 평소에 친분관계로 인하여 담당업무를 추진하는 과정에서 분란을 일으키거나 문제를 더욱 확산시키는 경우도 있다.

따라서 주무관들은 소관업무를 추진하는 과정에서 절차적 공정성을 확보하고 의사결정과정을 투명하게 공개하여 불필요한 오해가 발생되지 않도록 주의해야 한다. 하지만 일부 주무관들은 소관업무를 처리하는 과정에는 개인적인 이해관계를 철저히 배제하지 못하거나 업무를 처리하는 과정에서 공무원의 양심에 배치되는 행동들을 하는 경향이 있다. 주무관들은 본인들이 맡은 업무를 처리하는 과정에서 도출된 업무실적을 바탕으로 신상관리를 하여야 한다. 하지만 학연이나 지연에 의한 관계망을 형성하는 데 특별한 관심을 가지고 업무실적을 올리는 데 관심이 없고 인간관계망 형성을 우선시하여 조직에서 많은 문제를 일으키기도 한다.

자치단체는 소관업무를 서로 협력하여 효과적으로 처리하는 것을 목적으로 하는 조직체이다. 주무관들은 공직생활 입문기에서 이야기한 것처럼 본인이 경험한 업무 중에서 해당 업무가 본인의 적성에 맞거나 관심 있는 분야가 있으면 해당 분야에 특히 관심을 가지고 이를 더욱 발전시키도록 노력할 필요가 있다. 이를 통하여 본인들의 업무능력도 향상되고 조직발전에도 크게 기여를 할 수 있을 것이다.

현재 지방공무원 인사시스템은 계층제와 직위분류제가 혼용되고 있다. 어떤 분야에 결원이 발생할 때 직원들 간 근무평정이나 승진 등 인사분야에서 특별한 고려사항들이 없다면 동일한 업무를 담당한 경험이 있거나 동일한 분야에서 근무한 경력이 있는 공무원을 우선적으로 인사발령 대상자로 검토한다. 그 대상자 중에서 특별한 하자가 없는 경우 이들을 선정하여 배치하는 경우가 많이 있다.

쉽게 이야기하면 재무과 계약팀 팀원의 결원이 발생할 경우 특별한 사유가 없다면 계약업무에 정통한 직원을 우선적으로 선별해서 인사발령 대상자로 검토할 것이다. 또한 계약팀장 자리에 공석이 발생되어 팀장으로 인사발령 하여야 할 경우 과거에 계약담당 주무관으로 근무한 경력이 있는 팀장이 있으면 해당팀장을 인사발령 대상자로 우선적으로 고려하고 본인의 의사를 수렴한 후 특별한 사유가 없으면 계약팀장으로 인사발령을 하게 될 것이다.

이러한 인사발령 과정을 살펴보면 주무관 시절 어떠한 분야에 근무를 하고 해당 분야에서 탁월한 업무실적을 나타내는 것이 필요하다. 주무관들이 어떤 분야에 전문가로 성장하는지 여부가 향후 주무관들의 근무부서는 물론 보직이 결정되는 데 많은 영향을 미치게 된다.

하지만 일부 주무관들은 공무원 신상관리에 대하여 이야기해 보면 먼저 같이 근무하고 있는 상급자들에게 아부를 잘하고 동료의 비위를 거스르지 않는 것이 본인의 신상관리를 잘 하는 것으로 오해를 하는 주무관들이 많이 있다. 이러한 주무관들은 가능하면 상사들이나 동료들과 잦은 모임을 통해서 조직관리만 신경을 쓰는 경우를 많이 목격하는데 매우 안타까운 생각이 든다.

주무관의 신상관리는 상급자들과 인간적인 유대관계에 의해서 결정되기보다는 공무원으로 근무하면서 본인이 어떠한 업무를 담당하고 어느 분야에서 전문가로 성장하는지 여부에 따라서 본인의 신상관리가 결정되기 때문에 가능하면 빠른 시일 내에 주무관들이 적성에 맞거나 특별히 관심이 있는 분야를 찾아서 근무하려는 노력이 매우 필요하다.

일부 주무관들은 '본인은 조직에서 아는 사람이 없어서, 빽이 없어서, 혹은 고향이 특정지역이라서 불이익을 받는다'라는 이유로 본인의 적성에 맞는 업무가 있어도 업무를 담당할 수도 없으며 본인이 근무하기를 원하는 부서가 있어도 해당부서로 근무지를 옮길 수 없다고 하소연들을 많이 한다. 이는 매우 잘못된 생각이다.

주무관 인사에서 일정한 부분은 학연이나 지연 등을 고려하여 인사발령을 하는 경우도 있는 것이 사실이다. 이를 부정하지는 않겠지만 현실을 탓하기보다는 적극적인 자세로 본인의 적성에 맞는 업무가 있으면 해당 부서장에게 면담을 요청하거나 해당 업무를 맡고 싶다는 의사표시를 하거나 인사업무를 담당하는 공무원과 개별상담을 통하여 본인의 의사를 충분히 전달한다면 본인에게 맞는 업무를 담당할 수 있는 기회를 충분히 얻을 수 있을 것이다.

주무관들이 이러한 과정을 통해서 본인의 적성에 맞는 업무를 한 번 담당하고 능력을 발휘하면 동일한 분야에 결원이 발생될 경우 해당 주무관은 동일한 분야에 근무한 경력이 있기 때문에 인사발령 부서에서나 해당부서장이 우선적으로 추천하게 된다. 따라서 본인이 원하는 분야에서 근무를 할 수 있는 기회를 얻을 수 있고 이를 통해서 동일한 분야의 전문가로 성장하게 될 것이다.

이렇게 이야기하면 일부 주무관들은 인사원칙에 의거 동일부서에 반복하여 근무하기가 어렵다고 이야기를 하는데 이는 본인이 신상관리에 대해여 매우 오해를 하고 있는 부분이다. 자치단체는 주민들을 위한 업무를 추진하는 조직이므로 어떤 부서에 결원이 발생하여 직원을 배치하는 경우 해당 업무를 추진할 역량이 되고 부서 내 직원들과 원만한 관계를 유지할 수 있는지를 우선적으로 고려하여 직원들을 배치한다는 사실을 명심하기 바란다.

주무관들의 신상관리를 잘 하기 위해서는 주무관의 적성에 맞는 업무를 맡으라는 것이지 반드시 동일한 부서에서 근무를 하는 것을 이야기하는 것은 아니다. 자치단체에서 한 부서 내에도 전체적인 업무의 맥락은 일치하지만 업무 성격에서 많은 차이를 나타내는 경우가 많이 있다. 예를 들면 동대문구 기획예산과는 정책기획팀, 예산팀, 법무팀, 규제개혁팀의 4개 팀으로 구성되어 있는데 이들은 조직운영에 필요한 총괄적인 업무들을 수행하고 있지만 팀별 업무의 성격 면에서 많은 차이점이 있다.

만약에 주무관들이 예산업무에 관심을 가지고 해당 업무를 하고 싶다면 기획예산과 예산팀에서 조직전체의 예산업무를 총괄할 수도 있겠지만 다른 부서에서 근무를 한다고 하더라도 해당 부서에는 기금업무를 포함하여 예산과 관련된 업무들이 많이 있으므로 기금업무를 포함한 예산과 관련된 업무를 담당하고 이를 충분히 익힌다면 이 주무관은 예산업무 전문가로 성장할 수 있을 것이다.

따라서 주무관들이 신상관리를 하는 방법은 본인의 적성에 맞고 업무추진 시 업무실적을 올릴 수 있는 분야를 찾아서 해당 분야의 전문가로 성장하는 것이 본인들의 신상관리를 잘 하는 방법이다. 지금부터라도 주무관들은 상급자들과 인간적인 유대관계망을 통한 신상관리에서 벗어나야 조직 내에서 업무적으로 어떤 분야의 전문가로 성장할 것인지 진지하게 고민하기 바란다.

상급자들도 일정한 기간이 지나면 공직을 마감하는 시기를 맞이한다. 설령 마음에 맞는 상사들과 오랫동안 근무를 하고 싶어도 근무를 할 수가 없으므로 상급자를 통한 신상관리에는 한계가 있다. 지금부터라도 올바른 신상관리를 하고 싶은 주무관들이 있다면 빠른 시일 내에 적성에 맞는 업무를 찾아서 그 분야의 전문가로 성장하여 조직에 어떠한 기여를 할 것인지 진지하게 고민하는 것이 가장 빠르고 확실한 방법이다.

제9절

부 서 이 동

◇◇◇◇◇◇◇◇◇◇◇◇

　공무원들의 최대의 관심사는 승진이라고 할 수 있는데 승진은 본인에게도 큰 축복이지만 주변 동료들이나 가족들에게도 큰 희망과 용기를 줄 수가 있다. 따라서 공무원이라면 누구든지 승진에 많은 관심을 가지고 있고 승진기회가 되면 승진을 하려고 노력한다. 아울러 승진을 하면 보수도 올라가게 되므로 직장인으로서 일석이조라 할 수 있다.

　승진이 주무관들에게는 매우 중요한 일이겠지만 승진만을 목적으로 근무를 하게 된다면 너무 재미가 없고 무미건조한 공무원생활이 될 것이다. 하지만 공무원들도 직장인이기 때문에 담당업무처리 시 보람을 느끼는 동시에 담당업무에 대한 애착심을 가지고 긍정적인 자세로 업무를 추진하게 된다면 본인도 모르는 사이에 승진기회가 도래되고 자연스럽게 승진도 할 수 있는 큰 축복을 누릴 수 있을 것이다.

　하지만 일부 주무관들은 승진에만 목적을 두고 승진에 다소 유리한 부서만을 찾아서 기웃거리거나 외부인을 통하여 인사청탁을 하는 경우도 많이 있다. 이들은 담당업무에는 관심이 없으므로 담당하고 있는 업무가 본인의 적성에도 맞지 않는 경우가 대부분이다. 아울러 해당 업무를 추진하는 과정에서 만족감을 느끼지 못하므로 담당업무 추진으로 인하여 스트레스가 매우 심한 경우를 자주 목격하게 되는데 매우 안타까운 생각이 든다.

이렇게 승진에만 목적을 두는 경우 주무관들은 업무처리 시 사기도 매우 저하되어 있고 업무를 추진하는 과정에서 본인들의 업무역량을 최대한으로 발휘할 수 없다. 주무관들에게 이러한 안타까운 사례들이 발생되지 않도록 하기 위해서는 본인들의 업무역량을 최대한 발휘할 수 있는 업무군을 선정한 다음 동일한 업무군 내에서 본인의 적성에 맞는 분야를 찾아서 적극적으로 근무를 계속하게 된다면 해당 분야의 전문가로 성장하여 본인들의 경력관리에도 매우 도움이 되고 공무원으로서 보람도 느낄 수 있게 될 것이다.

공무원들은 단기적으로는 동일한 부서에서 3년 정도 근무를 하겠지만 공직을 도중에 그만두는 경우를 제외하고는 약 30년 정도 근무를 하게 된다. 공직에 입문하면 대체적으로 오랜 기간 동안 근무를 하게 되며 공직생활은 42.195km를 달려야 하는 마라톤에 비유되므로 주무관들은 인내심을 가지고 근무하기를 권하고 싶다.

고속도로를 통행하다 보면 사고 등으로 다소의 정체구간들이 있다. 하지만 사고처리가 끝나고 소통이 원활해지면 고속도로에서 허용하는 빠른 속도로 운전하여 목적지에 도착했을 때 일시적인 정체구간을 피해서 국도 등으로 우회하여 목적지에 도착한 운전자보다 먼저 목적지에 도착한 경험들이 있을 것이다.

앞으로 자치단체에서 큰 역할을 담당하게 될 주무관들은 본인들의 역량을 최대한으로 발휘할 분야를 찾아서 근무하기를 바란다. 당장 근무하기 편하고 승진에 다소 유리한 부서를 불나방처럼 찾아다니는 주무관들이 있는데 이는 매우 잘못된 공무원의 자세이다. 이들은 적성에 맞는 분야를 찾아서 근무를 한 경험도 부족하고 업무에 대한 자신감이 결여되어 조직생활에 대한 올바른 정체성을 가지고 있지 않은 경우가 대부분이다. 따라서 이런 주무관들은 공무원들이 흔히 말하는 특정분야에 대한 '주특기'가 없는 경우가 대부분으로 특정한 부서에 결원이 발생하더라도 같이 근무를 하자고 권유하는 사람도 없고, 해당 업무가 적성에 맞아서 근무를 희망하더라도 받아주지 않는 것이 현실이다.

주무관들에게 이러한 비극이 발생하지 않도록 하기 위해서는 본인들이 업무역량을 가장 잘 발휘할 수 있는 분야를 적극적으로 찾아서 근무를 해야 한다. 그러면 어느새 해당 분야의 전문가라는 소문이 날 것이다. 또한 특정한 분야에 결원이 발생되면 같이 근무를 했던 동료들이나 주위 공무원들의 추천을 통해서 해당 업무를 관장하는 부서에서 근무를 하게 될 것이다.

주무관들이 어떤 업무를 담당하든지 처음에는 다소 어렵고 힘이 들지만 적성에 맞는 분야에 특별한 관심을 가지고 동일한 분야의 업무를 꾸준히 추진한다면 처음에는 다소 미숙하게 처리했던 업무들도 어느새 익숙해질 것이다. 따라서 공무원 경력이 일천한 주무관들이 특정분야에 전문가는 아니더라도 주변 동료들의 추천을 통하거나 본인이 관심이 있는 분야를 적극적으로 찾기 바란다. 이러한 과정을 거쳐서 최소한 동일한 분야에 두 번 이상 근무하고 업무경력들을 쌓아 나간다면 본인들도 모르는 사이에 특정분야에 전문가로 성장해 있을 것이다.

이렇게 형성된 경력을 바탕으로 특정업무에 대한 전문가로 소문이 나게 된다. 따라서 조직에서는 해당 업무에 대하여 궁금한 사항이 발생되면 당연히 해당 주무관을 찾게 될 것이다. 해당 주무관은 동료들이 궁금해하는 사항에 대하여 업무지도를 하거나 상사들의 질문에 답변을 하는 과정에서 해당 분야에 대한 전문지식을 더 많이 쌓을 수 있으므로 특정한 분야에 전문가로 성장할 수 있는 계기가 될 것이다.

자치단체의 장래를 책임지게 될 주무관들은 업무적으로 일시적인 어려움이 있거나 조직에서 공무원들 사이에서 회자되는 여론

동향에 따라 마음에 상처받는 일들이 발생되더라도 좌고우면하지 말기를 바란다. 아울러 뚜렷한 주관으로 가지고 본인의 업무 역량을 가장 잘 발휘할 수 있는 분야를 적극적으로 발견하고 그 분야에서 전문가로 성장하기를 간곡히 부탁을 드린다.

제10절

역 량 계 발

◇◇◇◇◇◇◇◇◇◇◇◇◇

　주무관들은 매일 반복되는 일상으로 인하여 본인이 원하든지 원하지 않든지 조직이 운영하는 시스템에 맞게 적응하면서 하루하루를 보내게 된다. 자치단체에서는 일정한 틀에 짜여진 업무들로 예측이 가능하고 반복되는 업무들이 많이 있기 때문에 주무관들은 공무원 생활을 하는 동안 시스템이라는 큰 범주 내에서 생활하는 경우가 대부분이다.

　주무관들이 시스템이라는 틀 속에서 반복되는 업무들을 추진하는 과정에 매몰되어 자기계발에 소홀하고 무의미한 시간만 보내게 된다면 공무원생활이 다소 매너리즘으로 흐르게 된다. 매년 시작을 알리는 신년회, 을지훈련, 특별한 사태발생으로 인한 비상근무, 끝을 알리는 종무식 등 매년 반복되는 업무들을 추진하다가 보면 때로는 시간이 부족할 만큼 바쁘게 공무원 생활을 하기도 한다.

　필자도 주무관 시절 내가 무엇을 하며 살고 있으며 어떻게 살아야 하는지 많은 고민도 하고 이에 대한 해답을 얻고자 많은 노력을 하였던 기억이 난다. 주무관들은 외부의 충격이 다소 없는 조직 속에서 유수같이 빠르게 흐르는 시간 속에 자신의 미래에 대한 큰 고민이 없이 생활을 하다가 보면 공무원으로 근무하는 것에 큰 보람을 느끼지 못하고 무의미한 생활로 시간들을 허비하게 될 수도 있다.

일부 공무원들이 경험하게 되는 매너리즘에 빠지지 않기 위해서는 주무관들에게 여유시간이 허락된다면 주말 등을 이용해서 본인이 관심이 있는 분야를 선정하여 특별한 노력을 경주한다면 해당 분야의 전문가로 성장하여 본인 발전은 물론 조직운영에도 상당한 기여를 하게 될 것이다.

우리들이 이미 알고 있는 일만 시간의 법칙은 '한 분야에 꾸준한 관심을 가지고 노력한다면 목표하는 바가 반드시 이루어진다'는 내용인 것 같다. 필자도 공무원 생활을 하면서 대학원을 졸업한 과정을 생각해 보면 얼떨결에 대학원에 등록하고 일주일에 두 번 근무시간이 끝나고 저녁시간에 학교에 가는 것이 매우 부담스러웠다. 다른 공무원들이 대학원을 졸업하는 것을 보면서 쉽다고 느꼈지만 본인이 직접 경험을 하여 보니까 매우 어렵고 힘든 시간이었던 것 같다. 하지만 '뜻이 있는 곳에 길이 있'듯이 대학원에 다니면서 많은 우여곡절도 있었지만 주변 사람들의 도움과 교수

님들의 양해 덕분에 대학원을 무사히 졸업할 수 있었다.

일부 주무관들은 자기계발을 하는 과정에서 동료들에게 피해를 주는 경우들을 종종 목격하고는 하는데 이는 매우 좋지 않은 공무원의 근무자세이다. 왜냐하면 본인들이 해야 할 일을 동료 중에 누군가는 반드시 하여야 하기 때문이고 자기계발을 위해서는 주말 여유시간이나 평일에도 근무시간이 종료된 이후의 여유시간을 활용하여 자기계발을 하겠다는 마음자세를 반드시 갖기를 바란다.

대학원에 다니면서 느낀 점은 공무원은 본인이 담당하는 고유한 업무영역들이 있기 때문에 학업 중 보고서를 작성하거나 졸업 시 논문을 쓰기로 결정한 경우에도 연구분야를 설정하는 데 매우 유리한 점이 많이 있다. 특정한 분야에 관심이 있는 주무관이라면 많은 업무들로 시간적인 여유가 없겠지만 자투리 시간을 쪼개어서 대학원에 진학하여 박사과정까지 이수할 수 있으면 해당 분야의 전문가로 성장하여 후배 공무원들에게 다양한 지식들을 전수해 줄 수 있는 기회를 갖게 될 것이다. 선배 공무원 중에는 공무원으로 근무기간 중 관심이 있는 특정한 분야를 선정하여 자기계발을 한 결과 해당 분야에서 전문가의 반열에 오른 공무원들도 많이 있다.

어떤 선배 공무원은 행정직임에도 불구하고 부동산분야에 특별한 관심을 가지고 조직에서 부동산과 관련이 많은 도시계획과, 건축과, 부동산정보과, 세무과 등 근무를 희망하여 15년 동안 해당 분야에 실무경험을 쌓으면서 대학원도 부동산과 관련된 학과로 진학하여 대학원 과정을 마치고 박사학위를 취득한 후 대학에서 교수로서 후학들에게 지식을 전하기도 하였다.

이 선배 공무원은 대학을 은퇴한 이후에도 부동산과 관련이 있는 분야에 대한 연구를 계속하고 계시면서 부동산 관련 책도 출간하고 틈틈이 부동산에 관련된 강연도 하고 계신다. 이 선배 공무원의 사례에서 보듯이 공무원으로 근무하는 기간 중에 시작한 자기계발이 행복한 노후생활로 이어지고 있는 좋은 사례이다.

다른 선배 공무원 중에는 내근보다 외근을 특히 좋아하셨던 아주 특별한 분이 계셨다. 이 분은 다소 무미건조하게 느낄 수 있는 공무원생활에서 활력을 찾고자 본인에게 전혀 문외한이었던 부동산 경매를 공부하기로 마음먹고 무작정 부동산 경매를 강의하는 학원에 등록하여 수강을 하는 등 부동산 경매에 대한 공부를 아주 열심히 하셨다. 이 선배 공무원도 매우 열심히 공부한 결과 부동산 경매에 관한 탄탄한 실력을 바탕으로 부동산경매에 대한 실전투자로 많은 재산을 모으셨다. 또한 시간이 날 때마다 경매 물건을 확인하기 위한 임장활동을 위해 전국을 다니면서 투자에 대한 정보도 얻고 임장활동 시 가족여행도 병행하여 나름대로는 공무원생활을 매우 보람 있게 하셨던 선배 공무원이었다.

주무관들은 본인들이 처리할 많은 업무들이 있겠지만 근무시간 중에 담당하고 있는 업무에 대하여 열과 성을 다하여 추진하고 주말 등 여유시간을 활용하여 자기계발에 시간을 투입한다면 공직 생활이 끝난 이후에도 매우 유익하고 큰 보탬이 될 것이다.

일부 주무관 중에는 본인들이 맡은 업무가 너무 과중하여 자기 계발에 투자할 시간적 여유가 없다고 하소연을 하는 주무관들이 다소 있을 것이다. 하지만 주무관들에게 주어진 시간을 어떻게 쓰는지 공무원들마다 다를 수 있겠지만 누구에게나 동일하게 주어지는 하루 24시간을 쪼개어서 쓰는 것이 정답이 아닐까 생각 한다.

얼마 전에 읽은 책에는 성공한 사람들은 대부분 자기계발을 위 하여 하루 5시간 이상 잠을 자는 분이 매우 드물고 자투리 시간이 생기면 책을 읽거나 본인이 관심 있는 분야에 대한 전문가를 만나 조언을 구하는 등 자기계발을 위하여 시간활용을 잘 한다고 쓰여 있었다. 또한 이들은 시간이 부족하다고 불평하지 않고 주어진 시간을 쪼개어서 최대한으로 활용하는 공통점이 있다는 것이다.

주무관들은 본인이 맡은 업무는 당연히 열심히 하여야 하겠지만 맡은 업무가 적성에 맞는다고 생각이 되고 특정한 분야에 대하여 공부를 해 보고 싶다는 생각이 들 때면 미루지 말고 지금 당장 관심 분야에 대한 공부를 어떻게 할 것인지 계획을 수립하거나 해당 분야의 전문가에게 찾아가서 조언을 구하는 등 즉시 실행에 옮긴다면 미래에는 반드시 좋은 결과를 얻을 수 있을 것이다.

제 3 장

완성기

제1절

직 원 관 리

⬦⬦⬦⬦⬦⬦⬦⬦⬦⬦⬦

　지방공무원 생활의 성장기를 지나 완성기에 도달하면 조직 내에서 팀장이나 과장의 직위에서 업무들을 추진하게 된다. 이 시기에는 많은 일들을 추진하여야 하고 부서나 조직에서 중요한 현안업무들을 담당하는 등 조직 내 상하관계나 동료들과 매우 중요한 관계들을 형성하게 된다.

　팀장이라는 직위는 실무자인 직원과 과장과 중간자적 위치에서 업무적으로 갈등이 있으면 이를 조정하고 팀원들을 잘 이끌어서 팀 내 업무를 효율적으로 수행하는 책임이 주어진다. 팀장은 먼저 팀 내의 업무를 완전히 숙지하여 소관업무에 대해서 궁금한 사항을 문의하는 경우가 있으면 가장 명확하게 답변을 할 수 있어야 한다.

　하지만 일부 팀장은 해당 직위에 보임되면 그때부터 결재권자라고 본인의 위상을 과시하면서 실무에서 완전히 손을 떼고 모든 일을 주무관들을 통해서 처리하려고 시도하는 경우도 있다. 본인은 담당업무에 대하여 추진방향도 설정하지 않고 주요한 업무를 추진하기 위한 계획서 작성도 전적으로 주무관들에게 미루는 경우를 종종 목격하게 된다.

팀장으로 공무원 생활을 마감할 경우가 아니라면 절대 실무에서 손을 떼고 결재만 해서는 곤란하다. 향후 과장, 국장 등 더 높은 직위로 승진을 하게 된다면 더 어렵고 힘든 업무에 대한 추진방향을 설정하고 이를 주도적으로 처리해야 한다. 또한 소관업무에 큰 문제가 발생되거나 많은 민원들이 발생되면 이를 원만하게 해결하기 위해서는 소관업무에 대한 완벽한 업무숙지는 물론 해당 업무와 관련된 여러 분야의 전문지식도 많이 요구되므로 항상 공부하는 자세로 근무하는 것이 필요하다.

팀장은 직원간 업무를 원만하게 조율하고 현안업무에 대한 처리방향을 설정하고 이를 직접 추진해야 하는 중요한 위치에 있다. 본인에게 주어진 팀장직무를 원활히 수행한다면 향후 상위직급으로 승진하여 높은 직위에서 처리해야 하는 어려운 업무들이 주어질 경우 이를 원만하게 수행할 수 있는 업무능력이 배양될 것이다. 팀장에서 과장으로 승진하면 부서장 직위가 부여되고 담당하는 업무내용과 업무의 강도에서 많은 차이가 있다. 팀장은 부서에 근무하는 동료들의 도움과 조언을 얻어서 소관업무를 원만하게 처리할 수 있지만 부서장인 과장은 해당부서 소관업무에 대한 처리 방향을 잘못 결정하고 실행하면 조직 전체로 파급효과가 발생될 수 있다.

과장은 먼저 부서 내 공무원들을 잘 이끌어야 하는데 같이 근무하는 공무원들의 개인적인 성향도 매우 다르고 업무처리 능력에도 많은 차이가 있으므로 부서 내 공무원들을 오케스트라 지휘자처럼 조화롭게 업무능력과 적성에 맞도록 소관부서의 업무들을 적절하게 배분하고 부서를 원만하게 이끌어 가야 하는 책임이 부여된다.

처음 과장으로서 발령을 받으면 직원관리와 현안업무에 대한 처리방향을 설정하고 직원들의 업무능력을 최대한으로 이끌어 내어서 부서의 성과를 끌어올리기 위해 많은 고민과 노력들을 경주한다. 하지만 과장으로 임명된 초기에는 현안업무에 대한 문제점들을 자세하게 파악하기보다는 의욕이 앞서서 소관업무에 대한 올바른 판단을 하지 못하고 많은 문제들을 일으키는 경우도 많이 있다. 따라서 초임과장은 전임자들이 고민했던 내용들에 대해서 충분히 검토하고 고민을 한 이후에 처리방향을 설정해야 한다.

자칫 의욕이 넘쳐서 전임자들이 처리했던 업무에 대한 정확한 분석 없이 무리하게 단기적으로 성과를 거두기 위하여 업무들을 추진하다 보면 부서 내 직원들과 의견차이로 충돌이 발생할 수 있고 전임자와 충분한 의견교환을 통하여 업무를 추진하고 있던 민원인들도 크게 반발을 할 수도 있다.

하지만 초임과장도 부서 현안업무 등 오랫동안 해결하지 못한 문제에 대해서 전임자와 조금만 다른 각도에서 이를 조망해 보면 의외로 쉽게 해결할 수 있는 방안들을 찾을 수도 있을 것이다. 부서에서 미해결된 업무는 전임자들도 많은 고민을 하고 다양한 해결책을 모색하였지만 해결되지 못한 문제들이다. 하지만 현안업무들을 재검토하는 시점에 해당 업무와 관련된 규정이 개정되지는 않았는지, 주변 여건의 변화가 있었는지 등 전임자들과 다른 각도에서 현안업무들을 심도 있게 검토해 본다면 해결방안을 쉽게 찾을 수도 있을 것이다.

부서에서 오랫동안 미해결된 업무에 대한 처리방향을 설정하였으면 본인이 설정한 처리 방향이 맞는지 전임과장에게 다시 한번 검증을 받는 것이 좋다. 왜냐하면 전임과장은 해당 업무에 대하여 많은 고뇌를 하였기 때문에 후임과장이 제시한 해결방안에 대한 검증도 할 수 있고 후임과장이 생각하지 못했던 더 좋은 해법을 제시하여 줄 수도 있기 때문이다.

지방공무원들은 대부분 순환보직으로 인하여 부서를 이동하여 근무하게 되므로 많은 공무원들과 같이 근무하는 경험을 하게 된다. 이미 부서장 보직을 경험했던 과장들이 새로운 부서로 전보 시 가장 주의해야 할 일이 있는데 이는 전 부서에서 근무했던 직원들과 친소관계를 새로운 부서에 직원들에게도 동일하게 적용하는 경우가 가끔 있는데 특히 주의해야 한다.

새로운 부서로 전보를 받은 과장은 '새 술은 새 부대에 담아야 한다.'라는 마음자세로 임해야 할 것이다. 왜냐하면 현재 근무하고 있는 부서는 전에 근무했던 부서와 근무환경도 다르고 직원들의 업무처리 능력과 소관업무 성격에도 많은 차이가 있으므로 신임과장은 이점을 마음속에 깊이 새기고 부서 내 직원들의 업무성과를 최대한으로 발휘할 수 있도록 조치하여야 한다.

과장은 직원들의 팀 배치 시 업무성격에 맞게 직원들을 적재적소에 배치하는 것이 절대적으로 필요하다. 공무원들은 적성도 다양하고 업무처리에 대한 경험에도 많은 차이가 있으므로 이들이 가장 효과적으로 업무를 처리할 수 있도록 직원들의 팀 배치를 조화롭게 하여야 한다. 과장들은 부서 일부 직원들에 대한 업무처리 능력을 검증하지 못하였음에도 불구하고 내부직원이나 외부인들의 여론만 참고하여 직원들의 팀 배치나 업무분장을 하는 경우가 많이 있는데 이는 매우 잘못된 사례이다.

과장은 직원들의 업무능력을 직접 검증해 보지도 않고 직원들의 여론이나 외부인들의 반응을 토대로 직원들의 팀 배치나 업무분장을 하지 않도록 특히 주의해야 한다. 공무원들은 본인의 기준으로 다른 공무원들을 판단하고 평가하는 경우가 많이 있으므로 과장은 내부직원들의 여론이나 외부평가에만 의존하지 말고 당장 직원들의 능력을 평가하기 어려우면 시간을 두고 직원들과 업무를 추진하는 과정에서 직원들의 업무능력을 객관적으로 평가하거나 개별적인 상담을 통하여 직원들의 성향을 파악한 이후에 부서 직원들을 평가하여야 한다.

일부 과장들은 직원들의 업무능력보다 학연이나 지연을 우선시하여 업무를 분장하거나 특정한 사업을 맡기는 등 차별적인 대우를 하는 경우도 있다. 현재 공무원 조직도 개인주의적인 성향으로 매우 빠르게 변화되고 있고 공직사회에도 새로운 질서가 형성되고 있는 시기이다.

특히 민선시대가 된 이후에 공직사회에 학연과 지연에 의한 인사문제로 사회적인 이슈가 되고는 하는데 이는 하루 빨리 청산되어야 한다. 이러한 문제를 조속히 해결하기 위해서는 지방공무원 조직에서는 직원들의 업무능력을 공정하게 평가하고 이에 맞게 대우를 해 줄 수 있는 시스템을 개발하여 업무능력에 맞는 공평한 평가를 토대로 인센티브를 부여하는 방안들을 강구하여야 한다.

공무원들이 학연이나 지연에 의한 불공정한 평가로 상처를 받는 사례가 발생되지 않도록 특히 주의를 하여야 하고 과장들은 수시로 본인이 학연이나 지연이라는 함정에 빠져 있지는 않는지 자기점검을 해 볼 필요성이 있다. 공무원 조직에서 기본원칙이 무너지면 모든 분야에서 도미노 현상이 발생되므로 이런 함정에 빠져 있는 과장들은 부서 현안업무에 대해서도 정확한 보고를 받지 못하고 다소 왜곡된 보고를 받을 우려가 있다.

이러한 문제들이 발생되지 않기 위해서는 과장들은 학연이나 지연에 의한 사람배치나 업무처리가 되지 않도록 특히 주의하여 담당부서를 이끌어 가도록 노력하여야 한다. 특별한 사정이 없다면 매우 공정하고 공평하게 직원들을 평가하고 이를 통하여 부서 내 직원들이 서로 화합하고 상호 존중하는 분위기가 조성될 수 있도록 특별한 노력을 경주하여야 한다.

제2절

현 안 문 제

◇◇◇◇◇◇◇◇◇◇◇◇◇

팀장이나 과장의 직위에 있는 공무원들은 지역에서 발생되고 있는 각종 현안업무를 신속하고 원만하게 해결하기 위하여 많은 고뇌들을 하고 있다. 지역에서 현안이 되는 문제에 대하여 조직 내에서 좋은 해결방안을 찾기 어려운 경우 외부전문가들에게 조언을 구하거나 지역에 있는 정치인들의 협조를 얻어서 현안문제들을 해결할 수 있는 좋은 방안들을 마련하기 위하여 많은 노력을 기울이고 있다.

대부분 팀장이나 과장들은 부서의 현안문제에 대한 해결방안이 하나 내지 두 개밖에는 없는 것으로 오해를 하는 경우를 많이 보아왔다. 현안문제에는 다양한 이해관계인들이 존재하고 지역별 특성이 반영되어 있는 경우가 대부분으로 하나의 해결방안만으로는 현안문제들을 해결하지 못하는 경우들이 많이 있으므로 복잡한 현안문제들을 해결하기 위해서는 복합적이고 종합적인 검토가 요구된다.

현안문제에 대한 해결방안을 모색하는 과정에서 직업공무원과 정치인들은 많은 견해의 차이를 보이는 경우가 있다. 직업공무원은 현안문제에 대한 해결방안이 각종 법령에 적합한지 우선적으로 고려하는 반면 정치인들은 현안문제에 대한 해결방안이 주민들의 편익에 어떠한 영향을 미치는지 우선적으로 고려하는 경향이 있다.

단체장들도 정치인이므로 지역발전을 위하여 필요하다면 관행대로 추진하던 사업들도 가능하면 새로운 좋은 방안들이 있는지 항상 고민하고 있으며 지역에서 미해결된 현안문제들을 조속히 해결하기를 간절히 원하고 있다. 단체장도 정당에 가입할 수 있으므로 무소속을 제외하고는 정당인으로 정치적인 성향에 따라 현안문제에 대한 처리방향을 설정하는 데 공무원들과 많은 차이가 있을 수 있다.

단체장들은 현안사업에 대한 처리방향을 설정할 때도 규정은 준수하되 정치적인 판단을 하는 경우도 가끔 있다. 단체장들은 당장 해결하기 어려운 사업들은 중앙행정기관을 설득하여 해결방안을 모색하려고 노력들을 한다. 하지만 해결하기 어려운 경우 지역 국회의원 등 지역 정치인들의 도움을 받아서 이를 적극적으로 해결하려고 노력하고 있다.

팀장이나 과장은 현안문제에 대한 해결방안을 모색할 때도 결재라인을 통하여 관련규정에 적합한지 여부를 충분히 검토를 한 연후에 이를 근거로 하여 정치적으로 해결 가능한 대응방안이 있는지 검토하여야 한다. 이런 이야기를 하면 일부 지방공무원들은 '지방공무원이 정치 공무원이 되는 것이 아니냐?'고 반문하는데 이것은 잘못된 질문이라고 생각된다.

지방공무원은 지역 주민들이 행복하게 생활할 수 있도록 지역여건을 조성하고 지역이 올바른 방향으로 발전될 수 있도록 다양한 방안들을 찾는 것이 공무원의 당연한 의무이다. 지방행정에는 지역마다 특색 있는 행정행위가 많이 있고 지역마다 발생되는 민원사항도 지역여건에 따라 너무나 다양하다. 지역에서 발생된 민원사항을 가지고 중앙부처를 방문해 보면 중앙부처 공무원들도 지역별로 발생되는 민원사항을 정확하게 이해하지 못하고 민원사항을 해결하기 위한 법규 적용 시 착오가 발생되는 경우도 있다.

중앙부처 공무원들이 각종 법령을 제정할 때 전국에서 발생될 수 있는 모든 변수들을 고려할 수 없으므로 검토 가능한 대안을 가지고 입법을 하는 경우가 많이 있다. 지역에서 현안이 되고 있는 문제들이 해당 법령에 저촉되는지 여부를 검토해 보면 많은 부분에서 법령에 적합하지 않은 내용들을 발견하는 경우가 있다.

하지만 이를 해결하기 위해서 중앙부처에서 해당 법령을 제정한 입법취지나 입법목적을 자세하게 검토해 보면 현안문제들이 이외로 쉽게 해결되는 경험을 하게 될 것이다.

중앙부처에서 입법된 법령들을 자치단체에서 집행하는 과정에서 지역의 실정에 맞지 않는 경우를 가끔 발견할 수 있는데 이러한 경우는 현실은 앞서가고 이에 맞게 법령이 개정되지 못하는 경우에 특히 많이 발생한다. 지역에서 현안이 되고 있는 문제에 대한 해결방안을 모색하고자 중앙부처에 해당 법령에 대한 유권해석을 의뢰하면 지역에서 발생되고 있는 현안문제들이 원만하게 해결될 수 있도록 다양한 해결방안을 마련할 수 있는 방법들을 제시해 주는 경우도 많이 있다.

지역의 정치인들도 지역에 현안이 되고 있는 문제들을 신속하게 해결하고 해당 지역을 살기 좋은 곳으로 만들기 위해서 노력하시는 분들이다. 따라서 현안문제 해결을 위하여 중앙부처에의 협조를 요청하여도 문제에 대한 해결방안들을 찾을 수 없다면 지역 정치인의 도움을 받아 현실을 제대로 반영하지 못하는 법령을 개정하려는 노력을 기울이는 등 다양한 방법들을 모색하는 것도 바람직한 공무원의 자세이다.

단체장도 지역 정치인의 한 사람으로서 지역을 다양하게 변화시키기 위하여 항상 고민을 하고 주민들의 복지향상을 위하여 지방행정조직을 효율적으로 운영하고자 많은 고민들을 하고 있다. 팀장이나 과장은 단체장에게 현안문제를 해결하기 위한 보고 시 우선 각종 법령에 적합여부를 검토한 후 이에 대한 다양한 대안을 마련하여 보고하는 자세가 필요하다.

팀장이나 과장들은 지역의 현안문제를 원만하게 해결하기 위한 다양한 대안 중에서 실현 가능한 대안부터 우선적으로 검토하고 이를 적용하도록 노력하고 문제해결을 위하여 많은 이해관계인들을 설득할 필요가 있거나 오랜 시간이 소요되고 많은 재원이 필요한 대안들은 후 순위로 배치하여 보고서를 작성하고 단체장을 설득하는 것이 필요할 것이다.

일부 과장들은 지역에 현안이 되고 있는 문제에 대하여 단체장이 검토하라는 지시를 하면 지시를 받은 사항에 대하여 해당 법령에 적합여부만 검토하고 법령에 적합하지 않으면 곧바로 법령에 위배되어 처리가 불가능하다고 보고하는 경우가 대부분이다. 이러한 보고를 받는 단체장의 입장에서 한번 생각해 본다면 과장들도 보고에 앞서 해결 가능한 대안마련을 마련하기 위해 많은 고민들을 하게 될 것이다.

단체장이 지시한 내용 중에는 단순히 사실을 확인하는 현안문제도 있겠지만 대부분 다수 이해관계인이 충돌하거나 현행법령에 적합하지 않아서 당장은 해결하기 어려운 경우가 대부분이다. 그러므로 지시받은 사항에 대하여 단순히 해당 법령에 위반여부만 검토하고 다른대안 마련에 고민하지 않는 것은 매우 잘못된 과장의 자세이다.

 과장은 단체장이 지시한 내용에 대한 다양한 해결방안들을 강구하는 과정에서 중앙부처에 유권해석을 의뢰하거나 법령이 현실을 제대로 반영하지 못하여 법령개정이 필요한 사항에 대해서는 법령이 개정되어야 하는 사유를 육하원칙에 맞게 작성하고 근거자료를 첨부하여 중앙부처에 법령개정을 건의하는 노력이 필요하다. 또한 원만한 현안문제 해결을 위하여 지역 정치인들의 도움을 받을 수 있는 방법들을 적극적으로 검토하는 것이 책임감 있고 유능한 과장의 업무자세일 것이다.

제3절

조직운영

◇◇◇◇◇◇◇◇◇◇◇◇◇

자치단체에는 조직을 효율적으로 운영하기 위하여 매년 정기적이고 반복적으로 추진하여야 하는 업무에 대한 추진상황을 보고하거나 이를 점검하는 회의들이 많이 있다. 또한 수시로 발생되는 현안문제들을 신속하게 해결하기 위하여 이를 추진하는 부서와 처리결과를 점검하는 부서로 나누어져 있고 팀이나 부서 간 업무협조가 원활히 이루어지도록 수시로 지도점검을 통해서 조직운영에 대한 효율성을 높이고자 많은 노력들을 하고 있다.

자치단체에는 연중업무계획 수립, 을지훈련, 행정사무감사, 예산편성 등 매년 반복적이고 시기적으로 반드시 추진하는 주요한 사업들이 있다. 또한 지역에 재난이나 재해가 발생된다거나 조류인플루엔자 발생 등 발생 시기를 특정할 수 없는 특별한 상황이 발생되면 이에 맞게 적절한 업무들을 추진하게 된다. 또한 정권이 바뀌거나 단체장이 교체되면 새로운 정책들을 검토하고 이를 추진하느라 많은 시간과 노력이 투입되는 경우들이 많이 있다.

조직에서 매년 주기적으로 반복되는 일들은 조직의 기본적인 운영과 관련이 되므로 일부 팀이나 부서에서 조금만 업무처리를 소홀히 하여도 조직전체로 파급효과가 발생하게 된다. 팀장이나 과장은 매년 반복되는 사업들에 대한 처리시기를 놓치지 않고 적기에 추진될 수 있도록 수시로 점검할 필요가 있다.

하지만 일부 팀장이나 과장 중에는 업무계획 수립이나 예산편성 등 매년 반복적인 업무에 대해서 직원들에게만 일임하고 큰 관심을 갖지 않는 경우도 많이 있다. 팀장이나 과장의 무관심으로 일부 팀원들도 매년 반복되는 일들에 대하여 다소 소홀히 여기는 경우가 있는데 이러한 일들이 반복되지 않도록 특히 주의를 해야 하고 반드시 개선되어야 할 사례들이다.

자치단체에서는 수시로 발생되는 현안문제들을 조속히 해결하기 위해서는 조직에서 가용할 수 있는 행정역량을 총집중하여만 해결이 가능한 업무들이 많이 있다. 따라서 일부 팀장이나 과장은 직원들의 업무능력과 적성에 맞도록 적정하게 배분하여 처리하여야 하는데 열심히 업무를 추진하는 공무원에게만 집중하여 배분하고 업무를 소홀히 하는 공무원에게는 업무를 적게 배분하는 경향이 있는데 이는 매우 잘못된 사례들이다.

따라서 업무를 열심히 하는 공무원에 대해서는 업무추진이 종료된 후에 이에 상응하는 인센티브를 부여하는 방안을 반드시 강구하여야 한다. 왜냐하면, 지방공무원 대부분 맡은바 업무를 열심히 추진하고 있지만 일부 공무원들은 본인에게 맡겨진 업무조차 소홀히 하여 다른 공무원들에게 피해를 입히고 있는 것이 현실이다. 팀장이나 과장이 담당업무를 소홀히 하는 공무원과 열심히 업무를 하는 공무원들과 동일하게 대우를 한다면 열심히 일하는 공무원들의 사기는 바닥으로 추락하고 부서의 근무 분위기도 매우 나빠질 것이다.

팀장이나 과장은 공무원들이 최소의 노력으로 최대의 성과를 도출할 수 있도록 수시로 주무관들을 독려하되 조직에서 현안이 되고 있는 업무를 효과적으로 처리하기 위해서는 부서에서는 물론 조직전체의 협조가 필요한 경우도 있다. 팀장이나 과장은 현안이 되는 문제들을 원만하게 해결하기 위하여 솔선수범하고 조직에서 업무와 관련된 공무원들의 적극적인 협조를 이끌어 낼 수 있도록 각별한 주의를 기울여야 한다.

팀장이나 과장들이 공무원들 각자 맡은 업무에 집중하도록 배려하고 업무배분이 공무원 간에 균형 있게 된다면 아무리 어려운 현안업무가 발생하여도 업무처리에 대한 시너지효과가 발생하여 업무처리에 대한 속도는 빨라지고 공무원들의 만족도가 높아져 부서전체의 사기가 진작될 수 있다.

이러한 분위기에 편승하여 팀장이나 과장이 공무원들을 특별히 배려하고 조직 내 화합을 도모한다면 공무원들은 일치단결하여 무엇이든 해결할 수 있다는 자신감이 생겨나고 아무리 어려운 업무가 주어지더라도 슬기롭게 대처할 수 있을 것이다. 하나의 작은 성공은 더 큰 성공을 이루기 위한 디딤돌로서 역할을 충분히 할 수 있을 것이다.

팀장이나 과장은 매사를 공정하게 판단하고 공무원들을 공평하게 배려한다면 부서 내 공무원들의 사기가 충천되어 어떠한 어려운 과제가 주어지더라도 한마음 한뜻으로 문제를 해결할 수 있다는 믿음이 반드시 생겨날 것이다. 이러한 믿음을 바탕으로 공무원들이 한마음으로 단합한다면 매우 강한 조직으로 거듭나서 지역주민들에게 만족할 만한 행정서비스를 제공할 수 있을 것이다.

공 정 한 평 가

◇◇◇◇◇◇◇◇◇◇◇◇◇◇

　지방공무원들이 가장 많은 관심을 가지고 있고 조직 내 갈등의 불씨를 일으킬 수 있는 분야가 아마도 공정한 평가에 대한 것이다. 공무원들은 많은 시간을 같은 팀이나 부서에서 생활하고 상호협조를 통하여 공동으로 추진하는 업무들이 많이 있기 때문에 서로에 대해서 너무 잘 알고 있다. 그러므로 같이 근무하는 동료 공무원들이 어떠한 업무로 얼마나 고생을 하고 있는지 객관적인 평가들을 내리고 있다.

　현재의 행정환경은 매우 급변하고 있으므로 공무원들이 담당업무를 추진하는 과정에서 다른 공무원들의 협조 없이 단독으로 업무를 추진하기는 사실상 어려움이 많은 것이 사실이다. 지방공무원들이 처리하는 현안업무에 대한 해결방안도 매우 다양하고 복잡하여 다른 직원들에게 협조를 구하는 일들이 많이 있고 이들의 도움이 절실히 필요하다. 그러므로 부서 내 공무원들도 동료들이 업무협조를 요청하면 본인의 업무처럼 적극적으로 도와주는 자세가 필요하다.

　부서에서 공무원들 상호 간에는 담당하고 있는 업무의 난이도나 중요도에 대해서 너무 잘 알고 있으므로 팀장이나 과장은 공무원들이 고생하는 만큼 이에 상응하는 보답을 하도록 노력하여야 한다. 공무원들 각자 맡은 업무가 다른 공무원보다 상대적으로 어렵고 중요하다고 생각하는 경향이 있지만 동료들이 먼저 공무원들 각자의 업무에 대한 객관적인 평가들을 내리고 있기 때문이다.

　주무관들이 동료공무원에 대하여 내리는 평가가 반드시 공정하지 않은 경우가 많이 있는데 이는 공무원 간에 개인적인 친소관계나 경쟁관계에 따라 공무원들마다 평가척도를 다르게 적용하거나 개인의 성향을 반영하기 때문이다. 팀장이나 과장은 공무원들을 평가할 때 동료공무원들의 의견을 참고하되 객관적인 실적을 바탕으로 공정하게 평가를 하는 것이 좋겠다.

　팀장이나 과장이 공무원들을 평가할 때는 개인적인 이해관계를 떠나서 팀원이나 부서원들의 업무성과에 맞게 공정하고 객관적으로 평가하여야 한다. 공무원 조직은 공정한 평가를 근간으로 조직질서가 형성되고 이러한 질서를 바탕으로 공무원 조직이 잘 유지될 수 있으며 공무원들의 사기에도 영향을 미치고 있다.

공무원들을 대상으로 하는 평가들 중에서 승진과 관련된 근무 평정의 경우 잡음이 발생하는 경우도 가끔 있다. 일부 공무원들은 업무는 소홀히 하면서 근무 평정 시 높은 평가를 받기 위해서 가끔 청탁을 하기도 하는데 세상에는 영원한 것은 없듯이 청탁도 한순간에 끝나는 경우가 대부분으로 업무성과에 근거하지 않고 청탁을 통해서 일시적으로 높은 평가를 받는다 하여도 사상누각이나 다름이 없다.

팀장이나 과장은 공정한 평가를 하고 싶어도 외부에서 청탁이 있을 경우 공정한 평가를 못하는 경우도 가끔 있을 것이다. 이러한 경우 우선 부정한 청탁을 하는 사람을 설득하도록 노력해 본 다음에 이를 관철시키지 못할 경우 해당 직원의 장래를 생각하여 청탁을 통한 불공정한 평가는 조직에서 금방 소문이 나고 향후 해당 공무원에게 절대적으로 도움이 되지 않는다는 사실을 인식시킬 필요가 있다.

근무 평정 시 외부의 부정한 청탁을 사전에 차단하기 위해서는 먼저 팀이나 부서의 중요한 업무나 민원이 많이 발생하여 직원들이 맡기를 꺼려하는 특정한 업무를 수행하는 공무원에게는 반드시 근무 평정 시 우대하겠다고 공무원들을 상대로 공개적으로 공표를 하는 것도 하나의 방법이 될 수 있을 것이다. 하지만 공무원들에게 공개적으로 공표한 내용은 반드시 지키도록 노력하여야 하는데 일부 팀장이나 과장들은 주변의 여건변화나 상황변화가 발생되면 공무원들을 상대로 한 약속을 이행하지 않아서 공무원들 사이에서 불만들이 제기되는 경우도 많이 있으므로 특히 주의해야 한다.

공무원들에 대한 근무 평정 시 공평한 평정을 하기 위해서는 팀이나 부서 내에서 어렵고 힘든 업무를 선정할 때에도 팀장이나 과장이 일방적으로 선정하기보다는 공무원들과 토론을 거쳐서 공정하게 선정한 다음 해당 업무에 대한 지원자를 공개적으로 모집하고 많은 지원자 중 업무담당자를 선발하는 절차도 투명하고 공정하게 실시한다면 근무 평정 시 불공정의 문제는 발생되지 않을 것이다.

지방공무원 조직에는 단기적으로는 큰 성과가 나타나지 않는 업무이면서 고질적이고 반복적으로 민원이 발생되는 업무는 대부분 공무원들이 기피하고 해당 업무를 담당하는 것을 매우 꺼려한다. 팀장이나 과장은 이렇게 고질적이고 반복적으로 발생되는 민원업무를 원만하게 해결하기 위하여 고생하는 공무원들에게 특별한 관심을 가지고 배려하여야 한다.

왜냐하면, 공무원들에게 업무성과만을 강조하게 된다면 공무원들은 가시적인 성과가 나타나는 업무에만 관심을 가질 것이다.

실제로도 고질적이고 반복적으로 민원이 발생되어 단기적으로 성과를 나타내기 어려운 민원업무는 회피하거나 기피하는 경향이 있다. 이러한 사례가 발생하지 않기 위해서는 팀장이나 과장은 어렵고 힘든 업무를 추진하는 공무원들에게 표창수여, 공무국외 연수, 성과급 지급 시 우대 등을 통한 인센티브를 반드시 부여하여야 한다.

이와 같이 업무실적에서 우수한 성과를 올린 공무원과 다른 공무원들이 담당하기를 꺼려하는 고질적이고 힘든 민원업무들을 처리하는 공무원들에게도 각종 평가 시 공정한 인센티브를 부여한다면 팀이나 부서의 사기도 올라가게 된다. 이러한 공정한 평가를 토대로 공무원들 상호 간 신뢰감도 생겨나게 되고 팀이나 부서에 대한 애착이 생겨나는 등 화합하는 분위기가 조성되고 조직의 경쟁력도 향상될 것이다.

팀장이나 과장들이 공무원들을 평가할 때 객관적인 업무실적에 바탕으로 공정하게 평가를 한다면 조직기강은 반드시 바로 서게 될 것이다. 이렇게 형성된 조직기강을 토대로 팀이나 부서 내에 어려운 업무들이 발생하더라도 업무추진에 동력이 발생하게 된다. 따라서 팀장이나 과장은 조직을 올바른 방향으로 이끌어 가기 위해서는 누가 보더라도 공무원들의 업무성과에 맞게 객관적이고 공평하게 평가를 실행한다면 공무원들 상호간 협조하려는 마음이 자연스럽게 우러나게 된다. 이를 통하여 조직이 원하는 방향으로 업무추진도 잘 되고 공무원들의 사기도 상당히 올라가는 선순환 구조가 발생하게 된다.

제5절

홍보업무

◇◇◇◇◇◇◇◇◇◇◇◇◇

　지방공무원들에게 익숙하지 않은 분야가 홍보업무에 대한 것인데 특히 홍보업무 처리요령을 잘 모르거나 언론관계자들을 어떻게 응대하는지 방법들을 잘 몰라서 어려움을 겪는 경우들이 많이 있는 것 같다. 관선시대에는 본인에게 주어진 일들만 열심히 추진하고 업무 처리 시 문제가 발생되지 않고 원만하게 처리하면 담당업무를 잘하는 것으로 평가를 받는 것이 당시의 공무원사회의 관행이었으므로 홍보업무의 중요성을 인식하지 못했었다.

　민선시대가 도래되면서 홍보의 중요성은 날로 높아지고 있으며 과거에는 부서 내 홍보팀으로 존재하다가 요즈음 대부분 자치단체에서는 홍보를 담당하는 별도의 부서를 설치하여 확대하여 운영하고 있다. 민선시대에는 홍보업무를 담당하는 부서에 근무하는 공무원들은 홍보부서 근무를 승진을 위한 관문으로 인식하고 있으며 부서의 위상도 점점 높아지고 있는 것이 현실이다.

　자치단체에 근무하고 있는 공무원들은 이러한 시대적 흐름에 맞게 홍보업무에 대한 중요성을 인식하고 이에 적응을 할 수 있도록 많은 노력들을 기울여야 한다. 홍보의 중요성이 이렇게 높아지고 있는데도 홍보업무에 대한 전문지식이 부족할 뿐만 아니라 홍보업무가 왜 중요한지 모르는 공무원들도 있다. 그러므로 조직에서는 홍보업무에 대한 공무원 교육도 필요하고 홍보업무에 대한 인식을 제고할 필요성이 있다.

팀장이나 과장은 소관업무를 추진하는 과정에 홍보전략이 미흡하면 업무를 추진하는 과정에서 많은 민원이 발생될 수도 있으므로 홍보의 중요성을 깊이 인식해야 한다. 홍보는 추진하고 있는 업무에 대하여 주민들에게 알리는 기능과 더불어 해당 업무를 정확하게 이해시켜 업무추진으로 인한 민원발생을 사전에 차단함과 동시에 해당 업무를 원활히 추진하기 위한 매우 유용한 수단이기도 하다.

필자도 처음에는 홍보업무를 매우 귀찮은 것으로 인식하고 가끔은 기자들이 방문하여 당시 추진하고 있던 업무에 대해서 취재를 하면 매우 불성실하거나 불편하게 응대했던 기억들이 많이 난다. 이러한 태도를 바꾸는 계기가 있었는데 당시 학교에 보조금을 지원하기 위하여 보조금 예산을 증액하여 편성하는 과정에서 홍보에 대한 부정적인 인식을 바꾸는 일들이 발생했다.

당시 지방선거에서 보편적복지가 전 국민의 관심사로 대두되어 자치단체에서 무상급식비를 지원하는 등 학교에 보조금을 증액하여 지원하는 문제가 사회적으로 큰 이슈가 되고 있었다. 학교에 지원하는 교육경비는 교육청에서 담당하는 업무로 인식하고 자치단체에서 보조금을 증액하여 편성하는 것은 민선시대 단체장의 선심성 행정으로 오해를 하는 경우도 많이 있었다.

통상적으로 학교에 교부되는 보조금 예산을 증액하는 방법은 교육경비지원과 관련된 조례에 근거하여 예산을 증액 편성하여 구의회의 심의의결을 거치면 되는 아주 단순한 과정이다. 하지만 그 당시에는 자치단체의 재원도 많이 부족하고 학교에 지원하는 교육경비 보조금 예산을 증액하여 무상급식비를 지원하는 문제가 정치적인 이슈로 대두되었다. 따라서 각 정당의 의원들은 이를 정치적으로 해결하려는 상황이 발생했다.

이러한 정치적인 오해를 해소시키기 위하여 학교에 교육경비를 지원하는 현행법령의 내용은 물론 자치단체에서 학교에 교육경비를 지원할 수 있도록 법령을 개정한 배경과 함께 지역에 소재한 학교에 교육경비를 지원하여야 하는 당위성을 종합한 보도자료를 작성하여 우선적으로 지역 언론사들과 접촉하여 이들에게 협조를 구하는 동시에 지역에 소재하는 학교에 교육경비를 증액하여 지원할 필요가 있다는 당위성에 대하여 설명하는 작업들을 병행추진하였다.

먼저 지역 언론사를 상대로 우리 구에 소재한 학교의 교육여건과 학생들의 교육수준 등 현 실태에 대해서 솔직하게 이야기하고 자치단체에서 '지역에 거주하는 주민들을 상대로 지역에서 가장 우선적으로 해결해야 할 문제에 대한 조사결과 교육여건을 개선하는 일이 가장 시급하다'고 응답한 내용을 근거로 설득작업을 강행하였다.

처음에는 선심성 행정이라고 매우 부정적으로 인식하던 지역신문들도 제도의 취지를 이해하는 방향으로 바뀌어 지역에 소재하는 학교들을 적극적으로 지원하여 미래세대가 올바르게 성장할 수 있도록 자치단체에서도 학교교육에 특별한 관심을 기울여야 한다고 기사를 쓰기 시작했다. 이에 힘을 얻어서 당시 학교교육을 위해서 교육경비 보조금을 증액하여 지원하는 것이 타당하고 자치단체에서도 적극적으로 이에 동참하여야 하는 당위성을 주민들에게 충분히 인식시켜주는 계기가 되었다.

아울러 의원들을 일일이 찾아다니며 지역 언론과 지역 주민들도 자치단체에서 가장 시급하게 개선되기를 희망하는 사항이 교육여건을 개선하는 것이라고 생각한다는 내용들을 정리하여 알려 드렸다. 또한 학교교육에 대한 지원문제를 정치적 논리로 이해하지 말고 지역에 거주하는 학생들의 미래에 대한 선투자라는 사실을 지속적으로 설득한 결과 상당히 많은 금액을 교육경비 보조금 예산으로 편성할 수 있었다.

팀장이나 과장은 팀이나 부서에서 어떤 업무를 추진할 경우 계획을 수립하는 단계에서부터 홍보에 대한 전략을 세워서 접근할 필요가 있다. 지방공무원들이 추진하고 있는 많은 사업들 중에는 계획을 수립하는 단계에서 홍보 전략을 수립하지 않았거나 명확한 홍보대책이 없이 무리하게 사업들을 추진한 결과 홍보전략 미흡으로 다수의 민원이 발생되거나 사업추진이 중단되는 사례들이 많이 있다.

특히 신규 사업을 추진할 경우 많은 이해관계인들을 설득하여야 하고 이들의 협조를 구하는 일들이 필수적이므로 팀장이나 과장은 신규 사업을 추진 시 더욱 철저하고 주도면밀한 홍보대책을 마련하여야 한다. 부서에서 완벽한 홍보대책을 수립하기 어려우면 조직에서 홍보업무를 담당하는 부서와 긴밀한 협조체제를 구축하고 홍보에 대한 철저한 전략을 수립한 후 신규 사업을 추진하려는 노력들이 반드시 필요하다.

다 수 인 민 원

◇◇◇◇◇◇◇◇◇◇◇◇◇

　지방공무원들이 근무를 하면서 매우 어렵게 생각하고 기피하는 업무 중에 하나는 업무를 추진하는 과정에서 다수인 민원이 발생되어 이에 대한 합리적인 해결방안을 모색하거나 자치단체에서 결정한 추진방향을 민원인들에게 설득하고 이들에게 협조를 구하는 일이다. 따라서 공무원들은 평소에 다수인 민원이 발생되거나 민원의 발생이 예상되는 업무들을 담당하기를 꺼려하는 경향이 있다.

　지방공무원들은 주민들의 편익을 증진하고 복리향상을 위해서 업무를 한다고 늘 이야기하면서 정작 해당 업무를 추진하면서 자주 민원이 발생되거나 발생이 예상되는 업무를 회피하거나 다른 부서로 이첩하는 경우가 많이 있고 부서 간 업무조정 시 매우 심한 충돌이 발생하는 경우도 가끔 있다.

　민원이 발생되지 않는 비교적 수월한 업무를 담당하기를 선호하는 아이러니한 일들이 지방공무원 조직에 만연되어 있으나 모든 팀장이나 과장들이 그러한 업무자세를 가지고 있다는 말은 아니다. 하지만 되도록이면 다소 민원발생이 적은 업무나 다수인 민원이 발생되지 않는 업무들을 선호하는 경향이 있는 것은 사실이다. 이것은 관리자로서 바람직한 근무자세는 아닌 것 같다.

다수인 민원업무를 담당하여 이를 해결한 후 처리결과에 대하여 민원인들로부터 피드백을 받아 보면 매우 보람되고 가슴이 뿌듯한 느낌을 받은 경험들이 많이 있는데 이러한 경험들을 통하여 지방공무원으로 근무하면서 미력이나마 주민들의 편익증진을 도모할 수 있다는 자부심을 느낄 수도 있을 것이다. 비록 자치단체에서 팀장이나 과장으로 근무하는 관리자들이지만 지역의 오래된 숙원사업들을 원만하게 해결하여 해당 지역 주민들이 만족해하거나 감사의 표시를 할 때면 매우 큰 보람을 느낄 수 있다.

필자도 어떤 부서에서 근무할 때 다단계판매로 인하여 많은 피해자가 발생되어 사회적으로 큰 이슈가 되고 있었으나 그동안 관련법령이 제정되지 않아서 관련업체를 단속하거나 피해자들을 구제할 방법이 없었다. 정부에서는 이렇게 사회적으로 큰 피해자를 양산하고 있는 문제들을 해결하기 위해서 다단계판매업 등록에 관한 법령을 제정하여 시행하게 되었다.

법령 시행 초기에는 다단계판매로 인하여 손해를 보았거나 피해를 받은 사람들이 너무 많이 구제를 요청하여 업무를 담당하는 한 사람으로는 도저히 피해신고를 접수하지 못할 정도로 피해구제 요청 신고가 많이 있었다. 이러한 문제를 일시에 해결하기 위하여 많은 고민도 하였지만 어려운 문제들이 많이 있었고 업무에 대한 스트레스도 매우 심했었다.

처음에는 팀원 5명이서 민원신고 업무를 처리하는 일을 도와주었으나 매일 넘쳐나는 민원인들로 인해서 전 부서원들이 민원신고를 접수하고 처리하여야 하는 일들이 발생했다. 약 2주간은 민원을 접수하려는 민원인들이 사무실에서 고성을 지르는 등 부서의 업무가 마비되기도 하였는데 지금도 그 당시를 생각하면 매우 아찔한 생각이 들고는 한다.

당시에는 특히 젊은 학생들과 여성들이 많은 피해를 호소하고 이에 대한 구제를 요청하였는데 법령을 시행하는 초기에는 피해유형이 다양하여 법령의 규정만으로는 피해구제를 못하는 영역들이 너무 많아서 이에 대한 대책마련이 시급한 실정이었다. 이러한 문제들을 조속히 해결하기 위하여 등록제시행 효력이 발생되는 초기에는 중앙부처의 공무원들도 서울시 사무실에서 상주하면서 등록제로 인하여 발생되는 민원사례도 수집하고 제도적으로 미흡한 사항에 대해서는 유권해석을 통해서 현장에서 바로 해결을 하도록 노력하였다.

등록제 시행 초기에는 피해의 유형이라든지 피해들의 규모를 파악하기 힘들었지만 2~3주 후부터는 거의 비슷한 민원사례들이 접수되었고 다단계판매업 영업을 하려는 업체들도 정상적으로 등록을 하고 영업을 시작하였다. 다단계판매로 인하여 발생되는 피해자 구제를 신속하게 처리하기 위해서 중앙부처, 서울시, 다단계판매업체가 협의체를 구성하여 피해사례들을 유형화하여 업무처리 매뉴얼을 작성하는 단계에 이르렀다.

등록제 시행 4주 후부터는 중앙부처, 서울시, 다단계판매업체가 작성한 업무 매뉴얼을 토대로 민원처리를 실시한 결과 민원인들도 만족하고 다단계판매업체의 만족도가 올라가는 결과를 가지고 왔다. 이러한 과정을 거쳐서 다단계판매업에 대한 등록제를 시행한 후 2개월이 지나자 민원인들도 줄어들고 언론에서도 잠잠해지기 시작했다.

당시에는 법령시행 초기라서 다단계판매업 등록업무에 매진하여야 하는데 언론보도에 대한 보고서를 작성하고 이를 해명하느라 3일 동안 한잠도 자지 못하고 보고서 작성 등으로 시간들을 보냈던 기억이 난다. 시간이 지나자 민원처리 매뉴얼도 작성되고 등록업무도 정상적인 궤도에 도달하게 되었다. 그 과정에는 전 부서원들은 물론 중앙부처 관계공무원들과 다단계판매업체 관계자들의 적극적인 도움이 있었는데 이 기회를 빌어서 매우 고맙고 감사하다는 말씀을 꼭 드리고 싶다.

그 당시 함께 근무했던 부서원들은 지금은 거의 퇴직을 하였지만 지금도 많이 생각이 나고 깊은 동료애를 느끼고 있다. 당시 함께 고생했던 중앙부처 사무관님은 지금쯤 매우 높으신 곳에서 국가를 위해서 헌신하고 계시리라고 확신한다. 아울러 당시 다단계판매업 등록을 하시고 지금까지도 다단계판매업 영업을 하고 계시는 다단계판매업 관계자 여러분들에게도 깊은 감사의 말씀을 드린다.

이런 과정을 거쳐 1년 6개월 후 업무를 후임자에게 넘겨주고 다른 부서로 이동하게 되었는데 다른 부서에 가서도 후임자들이 어려워하는 문제에 대한 상담을 할 때면 전국에서 최초로 다단계판매업 등록번호 1호를 발급했다는 자부심과 함께 해당 업무에 대한 많은 애착을 가졌던 것으로 기억된다. 아울러 후임자가 해결하기 어려운 문제들이 있으면 중앙부처 공무원과 다단계판매업 종사자들과 대화를 통해서 신속하게 해결되도록 업무협조를 했던 기억이 지금까지도 생생하다.

다단계판매업에 대한 최초 등록 시 중앙부처 공무원, 서울시 공무원, 다단계판매업 관계자와 협의체를 구성하여 민원이 발생되면 함께 민원내용을 파악하고 이에 대한 해결책을 마련한 것이 매우 유효했었던 것 같다. 다수인 민원을 원만히 해결하기 위하여 협의체에서 해결방안을 도출하면 이 대안을 가지고 민원인 대표자와 협상을 통해서 문제해결을 모색하는 것이 필요하다. 이러한 과정을 거쳐서 다수인 민원을 해결한다면 민원처리도 빠르고 민원처리 결과에 대해서도 매우 만족할 만한 성과를 도출할 수 있을 것이다.

필자의 이야기가 너무 길어진 느낌이 있는데 공무원들은 다수인 민원이 발생하는 업무에 대해서 두려움을 갖기보다는 어떻게 노력하면 민원인들의 입장에서 고민들을 해결해 줄 수 있는 방법이 있는지 긍정적인 마음자세로 생각하고 기회가 허락된다면 민원인들과 진지하게 대화를 시도해 본다면 매우 어렵게 느껴졌던 문제들도 의외로 쉽게 해결되는 경험을 하게 될 것이다.

따라서 다수인 민원이 발생된 업무를 맡은 팀장이나 과장은 먼저 다수 민원인들 중에서 대표자를 선출하여 이들과 대화를 통해서 문제를 원만하게 해결하도록 조치를 하여야 한다. 민원인들 간 의견이 상충되는 문제가 있으면 민원인 대표자와 민원인들이 대화를 통해서 공통된 의견을 도출하고 공감대를 형성될 수 있도록 노력하여야 한다.

다수인 민원의 경우 민원해결 방안에 대하여 민원인들 간 공감대가 형성되지 못한다면 다수인 민원이 일시적으로는 해결될 수 있으나 또 다른 문제가 발생된다. 왜냐하면 다수인 민원의 경우 민원인들 스스로 대표자를 선출하였기 때문에 대표자라고 하더라도 공식적으로 대표성을 갖는 경우가 매우 드물기 때문에 민원인 중에서 대표자로 인정하지 않는 사람이 있다면 다수인 민원의 경우 대표자의 대표성은 모래성처럼 무너지기 때문에 다수인 민원을 처리하는 공무원들이 특히 주의해야 한다.

제7절

효 율 적 의 사 결 정

◇◇◇◇◇◇◇◇◇◇◇◇◇

　지방에서 근무하고 있는 간부급 공무원들은 현안이 되고 있는 사업들을 효과적으로 추진할 수 있는 방법들을 늘 고민해야 하고 지역에서 수시로 발생되는 다양한 민원업무를 원만하게 처리하기 위해서 많은 노력들을 경주하고 있다. 따라서 자치단체에서 발생되는 지역의 현안문제들을 면밀하게 분석해 보면 하나의 원인으로 발생되기보다는 많은 요인들이 복합적으로 작용하여 발생하는 것을 알 수 있다.

　지역에서 발생되는 현안 문제들을 효율적으로 해결하기 위해서는 발생 초기에 추진방향을 어떻게 설정되는가에 따라 매우 다른 결과를 발생시키기도 한다. 당면한 현안문제나 민원이 발생된 문제에 대한 해결방안들을 쉽게 찾는 경우도 있겠지만 대부분 민원내용이 복잡하여 하나의 해결방안으로는 문제해결이 어려우며 복합적인 해결방안을 요구하는 경우가 많이 있다.

　팀장이나 과장은 '어떻게 하면 신속하고 정확한 의사결정을 할 수 있을까?'에 대해 늘 고민하고 때로는 많은 스트레스를 받기도 한다. 다수의 주민들과 관계되는 복잡한 민원업무에 대한 합리적인 해결책을 마련하기 위해서는 수많은 의사결정 과정이 필요하다. 이러한 의사결정 과정에서 가능하면 문제에 대한 본질을 정확하게 파악할 수 있도록 A4용지 1~2장 정도의 분량으로 요약하여 작성하는 능력을 배양할 필요성이 있다.

대부분 결재권자들은 본인에게 주어진 시간에 비해 처리해야하는 업무량이 많아서 단위업무에 대하여 보고를 받고 처리방향을 설정하는 데 매우 짧은 시간이 주어진다. 따라서 보고자는 현안업무에 대한 처리방향을 설정할 때 결재권자에게 문제에 대한 본질을 정확히 전달하고 이에 대한 자문을 구하는 것이 매우 필요하다. 하지만 일부 팀장이나 과장들은 복잡하고 해결하기 어려운 문제에 대해서도 일반적인 업무처럼 구두로 보고를 하고 이에 대한 처리지침을 받는 경우가 많이 있다.

팀장이나 과장들이 결재권자에게 보고 시 가장 많이 실수하는 것은 현안문제에 대한 본질을 정확하게 전달하기 보다는 현안문제에 대한 처리방향 보고에만 중점을 두는 경향이 있는데 이는 매우 잘못된 보고의 자세이다. 복잡하고 어려운 문제일수록 결재권자가 문제의 본질을 신속하고 정확하게 파악하고 이에 대한 대책들을 쉽게 결정할 수 있도록 보고하여야 한다.

단체장들은 선출직 공무원으로 수시로 지역에서 개최되는 행사에 참석하여야 하고 현안이 되고 있는 많은 업무에 대하여 수시로 의사결정을 하여야 한다. 따라서 시간적인 여유가 없는 경우가 대부분이지만 단체장들은 많은 주민들의 의견을 경청하기도 한다. 이를 통해서 다양한 정보를 접할 수 있는 기회가 많기 때문에 업무를 담당하는 팀장이나 과장보다 현안문제의 본질을 정확하게 파악하고 있는 경우도 많이 있다.

따라서 단체장들은 해결해야 할 문제들이 산적해 있지만 자치단체의 재정적인 여건 등을 고려하여 사업추진의 우선순위를 정하여 업무 등을 처리하는 경우가 대부분이다. 단체장이 관심을 가지고 해결하려고 노력하고 있는 많은 현안문제들을 부서단위로 분류해 보면 부서당 약 2~3개 정도인 경우가 대부분이다. 따라서 팀장이나 과장은 시간이 부족한 단체장보다는 현안문제에 대하여 집중적으로 검토하고 이에 대한 해결방안을 마련하는 데 다소 시간적인 여유가 있는 것은 사실이다.

팀장이나 과장들이 팀이나 부서에서 발생되는 현안문제들을 신속하게 처리하기 위해서는 문제에 대한 본질을 간략하게 요약하고 이에 대한 대응방안을 마련하여 결재권자에게 신속하게 보고를 하여야 한다. 왜냐하면 결재권자는 조직 내 많은 업무들을 처리해야 하기 때문에 부서마다 현안이 되고 있는 업무들을 모두 파악하고 일일이 시간에 맞도록 업무 지시할 수 있는 여건이 허락되지 않는다.

따라서 팀장이나 과장은 현안이 되고 있는 업무에 대하여 수시로 보고하는 과정에서 결재권자의 의도를 정확하게 파악하고 업무에 대한 처리방향을 설정한 다음 추진계획서를 작성하게 된다면 계획서의 내용도 올바른 방향으로 작성되고 이를 토대로 현안업무를 처리하면 시간도 매우 단축될 수 있을 것이다.

현안업무를 신속하게 처리하는 가장 좋은 방법은 결재권자에게 한번의 보고로 처리방향을 설정하고 이에 대한 대책을 수립하는 것이지만 복잡한 현안업무를 해결하기 위해서는 다양한 해결책이 요구되므로 여러 번의 의사결정 과정이 필요한 경우가 대부분이다. 따라서 팀장이나 과장은 복잡하고 어려운 문제일수록 결재권자에게 수시로 보고하는 자세가 필요하다.

현안업무 처리에 장기간의 시간이 소요되는 업무에 대한 대응방안을 마련하는 과정에서 여건이 변한다든지 관련법령이 개정되는 등 문제가 발생된 시점에는 처리가 불가능했던 업무들도 시간이 경과됨에 따라 이에 대한 해결책이 보이는 경우가 많이 있다. 하지만 대부분의 팀장이나 과장들을 결재권자가 현안문제에 대하여 검토하라고 지시를 하면 현재의 규정만 검토한 후 조치가 불가능하면 즉석에서 불가능하다고 답변을 하고는 하는데 이러한 자세는 관리자로서 바람직한 업무자세는 아닌 것 같다.

왜냐하면 현재사회는 매우 복잡하고 다단하여 동일한 사항들도 다른 시각으로 해석되는 경향이 많이 있으므로 팀장이나 과장은 관련규정만을 검토하고 하나의 해결방법만으로는 해결이 도저히 불가능하다고 생각되는 업무들도 즉석에서 포기하지 말고 인내심을 가지고 다방면으로 해결방안을 모색하거나 해당 업무와 관련된 공무원들과 심도 있게 토론을 해 본다면 의외로 쉽게 해결방안을 찾을 수도 있을 것이다.

합리적이고 신속한 의사결정을 하기 위해서는 문제의 본질을 정확하게 파악하는 것이 필요한데 일부 팀장이나 과장들은 문제의 본질을 정확하게 파악하기보다는 현재 나타나는 문제점에 대한 처리방향을 설정하는 데 많은 시간을 낭비하는 경향이 있다. 따라서 팀장이나 과장들은 현안문제에 대하여 신속한 해결책을 마련하기 위해서는 사업에 대한 본질을 정확하게 파악한 연후에 이와 관련된 대책들을 수립하여야 한다.

현안업무에 대한 효율적인 해결방안을 모색하고자 하는 팀장이나 과장은 최종적으로 의사결정을 하여야 하는 마지막 시기에 결재권자에게 최종보고를 하기보다는 수시로 현안업무에 대한 문제점들을 상세하게 보고하는 과정을 통하여 결재권자의 의도를 정확하게 파악하는 것도 업무를 효율적으로 처리하기 위한 하나의 방법이 될 수 있다.

따라서 팀장이나 과장이 판단하기 어려운 사항이거나 민원발생이 예상되는 업무가 있으면 결재권자와 여러 번의 의견조율 과정을 거친 후에 결재권자의 의도를 정확하게 반영한 합리적인 해결방안을 모색한다면 어려운 문제들에 대한 처리방향을 설정하는데 매우 도움이 될 것이다. 이러한 업무태도는 매우 효율적인 의사결정 방법이라고 생각되므로 업무 처리 시 반드시 참고하면 좋겠다.

유 관 기 관

◇◇◇◇◇◇◇◇◇◇◇◇

세상의 많은 일들 중에는 타인의 협조 없이 단독으로 추진할 수 있는 업무가 매우 드물고 이를 성공적으로 이끌어 가는데 상당한 어려움이 있는 것이 사실이다. 현재 세상의 메커니즘은 매우 복잡하고 다양하여 지방공무원들도 소관업무를 정상적으로 처리하는 과정에서 다른 부서나 기관들의 협조를 구하는 업무들이 상당히 많이 있고 아울러 반드시 이들의 협조를 받아야 추진이 가능한 업무들이 점차적으로 늘어나고 있다.

자치단체에서 처리하는 업무의 대부분이 주민생활과 밀접하게 연관되어 있는 복합적인 업무들로 추진하는 과정에는 많은 이해관계인들과 유관기관들이 관련되어 있다. 따라서 팀장이나 과장들이 처리하는 업무 중에서 주민생활에 직접적으로 영향을 미치고 있는 업무에 대해서는 해당 지역 주민들이 특별한 관심을 가지고 예의 주시하고 있으므로 소관업무를 처리한 후 그 처리결과를 이해관계인이나 유관기관에 통지하여 조치할 사항이 있으면 함께 고민하고 이에 대한 철저한 대책을 수립하여야 한다.

따라서 조직 내에서 현안문제가 발생되면 이를 처리하기 위하여 계획수립을 하는데 이를 원만하게 추진하기 위해서 소관업무와 관련된 유관부서에 향후 조치할 내용들을 통보하고 해당부서에서 관리하고 있는 각종 법령에 위배되는 사항은 없는지 우선적으로 검토하도록 조치하여야 한다.

유관부서에서 해당 업무에 적용되는 각종 법령 등을 검토한 결과 협의내용에 문제가 없으면 해당사업에 재원이 투입되는 업무는 예산업무를 담당하는 부서와 업무협의를 통하여 예산확보가 가능한지 여부 등을 철저히 검토하는 등 유관부서와 긴밀한 협조관계를 유지하여야 한다.

자치단체와 유관기관이 연계되어 있는 업무라면 조직 내 유관부서와 충분한 의견을 수렴한 결과를 토대로 현안업무 추진과 관련되는 유관기관과 원만하게 업무협의를 진행하여야 한다. 예를 들면 중앙부처나 상위 자치단체로부터 재정적인 지원을 받을 수 있는 사업들을 추진하는 경우 우선 해당 업무가 투자심사 대상여부, 매칭비율에 따라 자체재원을 사전에 확보하여야 하는지 여부 등 자체적으로 충분한 검토를 한 이후에 유관기관과 구체적이고 주도면밀한 업무협의를 거쳐야 한다. 하지만 이를 소홀히 이행하여 해당 업무를 추진하는 과정에서 재원마련을 하지 못하여 다수인 민원이 발생되거나 주민들에게 약속했던 사업들이 중단되는 사례들이 발생되는 경우도 있다.

요즈음 시대적으로 크게 문제가 되고 있는 것들 중에 해당사업을 추진하기 위해서 사전에 반드시 이행하여야 하는 환경영향 평가 등의 절차들이 있는지 유관기관과 충분한 업무협의를 하여야 한다. 또한 자치단체에서는 사업들을 원만하게 추진하기 위해서 해당 업무가 법령에 적합한지 여부 등을 당연히 검토하여야 한다. 자치단체에는 복합적으로 추진하는 업무들이 대부분으로 해당 업무를 처리하는 데 하나의 법령이 적용되는 경우도 있겠지만 많은 분야에서 다수의 법령들이 복합적으로 적용되는 경우가 많이 있다. 따라서 해당사업들을 종합적으로 검토할 필요가 있다.

현재 국세와 지방세의 비율에서 지방세가 차지하는 비율이 낮기 때문에 자치단체의 재정상태가 다소 열악한 것이 사실이다. 팀장이나 과장은 기초자치단체의 열악한 재정 상태를 고려할 때 중앙정부나 상위 자치단체에서 시행하는 각종 공모사업이라든지 정책 사업에 많은 관심을 가지고 노력한다면 필요한 재원을 마련하지 못하여 사업추진이 어려웠던 주민 숙원사업이나 당면한 현안업무들을 추진하는 데 상당한 재정적인 도움을 받을 수 있을 것이다.

중앙부처나 상위 자치단체로부터 재정을 지원받는 사업의 경우에는 예산편성 주기가 기초자치단체보다 매우 빠르게 시작되므로 중앙부처나 상위 자치단체의 예산편성 주기에 맞게 사업계획을 수립하고 투자심사 등 사전절차를 반드시 이행하여야 재정적인 지원을 받을 수 있으므로 이에 대한 철저한 준비를 하여야 한다.

팀장이나 과장은 평소에 유관기관과 긴밀하게 업무협의를 하고 필요한 경우 간담회를 개최하는 등 자치단체의 입장을 충분히 이해시키고 공감대가 형성될 수 있도록 특단의 노력도 기울여야 한다. 중앙정부나 상위 자치단체로부터 원활한 업무협조를 얻기 위해서 우선적으로 중앙부처나 상위 자치단체에서 근무하고 있는 담당 공무원과도 긴밀한 친분관계를 유지할 수 있도록 평소에 원만한 관계망을 형성하는데 많은 관심을 가져야 한다.

팀장이나 과장들은 주민숙원 사업들을 해결하기 위해서 필요한 행정적인 절차를 사전에 충실하게 이행하고 중앙부처나 상위 자치단체에 근무하고 있는 공무원들에게 적극적인 협조를 구하여도 업무추진에 어려운 경우가 많이 있을 것이다. 이런 경우에도 실망하지 말고 지역발전을 위해서 일을 하시는 지역 정치인들이나 보좌관 등을 통해서 유관기관에 업무협조를 구한다면 적극적으로 도움을 받을 수 있기 때문에 팀장이나 과장들은 반드시 참고하시길 바란다.

제9절
사 회 공 헌 사 업

◇◇◇◇◇◇◇◇◇◇◇◇◇◇

지방공무원들이 지역발전과 지역에 현안이 되고 있는 문제점들을 해결하기 위하여 자치단체에서 반드시 추진해야 할 사업들은 많이 있으나 재원부족 등으로 지역에서 필요한 사업들을 적기에 추진을 하지 못하는 경우가 많이 있다. 자치단체마다 이러한 어려움을 슬기롭게 극복하기 위해서 다양한 재원확보 방안들을 강구하고 있지만 큰 성과를 얻지 못하는 경우가 대부분이다.

자치단체에서는 문제가 되고 있는 부족한 재원을 안정적으로 확보하기 위해서 기업체를 지역에 유치하거나 중앙부처나 상위 자치단체를 방문하여 현안사업 추진에 필요한 부족한 재원들을 확보하기 위하여 각별한 노력들을 하고 있다. 이러한 노력의 결과로 자치단체에서 다양한 재원확보 대책들을 성공적으로 추진한 단체는 재정을 아주 안정적으로 운영하여 비약적인 지역발전을 도모하고 있다. 하지만 이러한 여건이 조성되지 않은 자치단체에서는 기업체에서 시행하는 다양한 사회공헌 사업에 특별한 관심을 가질 필요가 있을 것이다.

지방공무원들은 지역에 현안이 되고 있는 사업들을 추진하는 과정에서 해당사업과 관련된 법령에서 규정한 행정절차들을 반드시 이행하여야 한다. 사업추진에 필요한 재원을 안정적으로 확보하기 위해서 이행하여야 하는 복잡한 행정적인 절차로 인하여 해당사업을 추진하기도 전에 지쳐버리는 경우를 많이 보아 왔다.

이러한 사태가 발생되더라도 해당 사업을 추진하는 팀장이나 과장은 실망하지 말고 당면한 현안문제들을 슬기롭게 해결하기 위해서는 사업추진에 필요한 사전절차는 철저하게 이행하여야 한다. 아울러 해당 부처 공무원들과 충분한 의견조율 과정을 거쳐서 절차이행으로 인하여 문제가 발생하지 않도록 조치하고 사업추진에 필요한 재원이 부족한 경우 기업체에서 실시하는 사회사업에 관심을 가질 필요성이 있다.

대부분의 팀장이나 과장들은 부족한 재원확보를 위해서는 먼저 중앙부처나 상위 자치단체에 도움을 요청하고 이들에게 기대려는 마음자세를 가지고 있으며 많은 노력들을 하고 있는 것이 사실이다. 하지만 그에 비해 기업체들이 시행하는 다양한 사회사업에 대해서는 매우 경원시하는 경향이 있다.

많은 기업체에서는 기업의 이미지 제고는 물론 이익의 일부를 사회에 환원하는 차원에서 기업의 이미지에 맞는 다양한 사회사업들을 계획하고 있다. 실제로 기업체에서 계획하고 있는 사회사업들을 문의하기 위하여 기업체의 담당자들과 상담을 해 보면 기업체 담당자들도 기업의 이미지에 맞는 다양한 사회사업들을 발굴하기 위하여 많은 어려움을 겪고 있는 경우를 종종 경험하게 된다. 따라서 팀장이나 과장은 기업체에서 시행하고 있는 사회사업에 조금만 관심을 가진다면 좋은 결과를 얻을 수 있을 것이다.

지역의 현안문제 등 다양한 사업들을 추진하기 위해서 기존의 제도와 규정의 범주에서 업무를 처리하는 것도 필요하다. 하지만 팀장이나 과장들은 시야를 외곽으로 돌려서 기업체별로 다양하게 추진하고 있는 사회사업에 특별히 관심을 가지고 기업체에서 요구하는 요건들을 충족시킬 수 있다면 해당기업체 담당자들과 적극적인 업무협의를 통해서 지역의 현안문제들을 해결하거나 지역에 필요한 시설물들을 유치할 수도 있을 것이다.

기업체의 협조를 구하는 방법들은 다양하겠지만 기업체 임원이 해당 지역에 연고가 있거나 기업체가 자치단체 내 소재한 경우 쉽게 연계가 가능하고 사업성격이 자치단체와 해당기업에서 필요한 사업이면 아주 수월하게 성사될 수 있다. 또한 지역에서 활동하고 있는 지역의 유지 분들도 지역의 발전에 많은 관심을 가지고 있으므로 어떤 기업체의 협조가 필요한 경우 유지 분들이 적극적으로 도움을 주실 것이다.

팀장이나 과장들이 해당 기업체를 방문하는 경우 우선 자치단체에서 해당사업을 추진하여야 하는 당위성에 대한 충분한 설명 자료와 사업추진으로 인하여 파생되는 효과를 압축적으로 발표할 수 있도록 자료들을 준비하여야 한다. 기업체에서는 다양한 사회사업을 추진하고 있지만 기업의 이미지에 맞는 사업들을 추진하려고 계획하는 경우가 대부분이므로 기업체의 입장을 충분히 고려를 하여 자료들을 준비하여야 한다.

기업체가 요구하는 자료들이 준비되어 기업체의 업무담당자와 실무적으로 충분한 논의를 거친 후에는 해당 자치단체장과 해당 기업 임원과의 만남의 시간을 가질 수 있도록 조치해야 한다. 실무자들의 입장에서 사업의 당위성 등을 충분히 논의를 하였지만 단체장이나 기업체의 임원은 해당사업을 추진하는 당위성에 대하여 다른 견해를 제시하는 경우를 많이 경험하게 된다.

자치단체장과 해당기업 임원과의 만남을 통하여 추진사업에 대한 방향을 설정하고 사업을 추진하는 과정에서 발생될 수 있는 정치적인 문제도 함께 고려된다면 사업추진으로 인하여 발생될 수 있는 자치단체와 기업체간 오해소지도 해소될 뿐만 아니라 사업추진이 매우 빠르게 진행될 수 있으며 해당사업 추진으로 인하여 파생되는 문제를 사전에 예방할 수 있다.

사업이 선정되어 본격적으로 사업을 추진하는 과정에서 자치단체 해당팀장이나 과장이 인사이동으로 인하여 바뀌는 경우가 많이 있는데 해당사업을 추진하던 공무원들이 교체되더라도 당초에 양 기관 간에 약속한 사항은 반드시 이행될 수 있도록 노력하여야 한다. 일부 팀장이나 과장들은 전임자들이 시행했던 사회사업들에 대하여 다소 무관심하거나 소홀하게 추진하는 경우가 많이 있는데 이는 매우 잘못된 행정관행으로서 반드시 시정되어야 한다.

해당사업이 완료된 후에도 양 기관 간에 당초에 약속한 사항을 반드시 이행하여야 한다. 하지만 사후관리를 소홀히 하거나 해당사업을 계속적으로 진행시키지 못하여 해당사업이 종료되는 경우도 가끔 있다. 따라서 자치단체에서는 해당사업이 완료된 후에는 반드시 감사패 등을 제작하여 감사의 표시를 하여야 한다. 또한 자치단체에서 해당사업을 추진하던 담당팀장이나 과장이 바뀌더라도 해당사업이 지속적으로 추진될 수 있도록 후임자들에게 업무 인수인계를 철저히 하여야 한다.

제10절

의 원 과 관 계

◇◇◇◇◇◇◇◇◇◇◇◇◇

지방자치의 시작과 함께 의원들로 구성된 의회는 집행부에서
추진하는 각종사업들에 대한 견제와 감시를 하고 있다. 지방자치
가 시작되기 전에는 집행부에서 정책을 결정하고 사업들을 추진
한 후에 감사기관으로부터 검증을 받는 과정에서 문제가 없으면
공무원의 책임이 면제되는 경우가 대부분이었으나 지방자치시대
행정환경은 과거와 매우 큰 차이를 보이고 있다.

지방정부에서도 중앙정부의 국회의원에 대비되는 지역주민들
로부터 선택을 받아 선출된 의원들이 해당 지역에서 발생되는 각
종 현안문제들을 발로 뛰며 해결하려고 노력하고 있다. 이들은
수시로 지역주민들과 만남의 장을 마련하고 주민들의 다양한 민
원사항을 직접청취를 하거나 지역의 숙원사업들을 조속히 해결
하기 위하여 다양한 해결방안을 찾기 위해서 동분서주하고 있다.

의회와 집행부는 지역의 발전과 주민들의 행복이라는 목적을
달성하기 위하여 상호견제와 균형이 필요하다. 두 기관은 수레의

양 바퀴처럼 주어진 임무에 충실하고 원만한 관계형성이 필요하다. 또한 지역에서 발생되는 현안문제들을 슬기롭게 해결하고 상호 부족한 부분을 채워가면서 맡은바 역할을 충실히 수행한다면 지역발전에 매우 큰 도움이 될 것이다.

의회는 지역에서 추진하는 각종 사업에 대한 합리적인 집행기준을 마련하기 위해서 입법사항인 조례안을 검토하고 기준들이 지역여건에 적합하면 이를 통과시킨다. 아울러 집행부에서 많은 사업들을 추진하기 위하여 편성한 예산안에 대한 심사 의결하는 기능도 담당하고 있다. 또한 집행부에서 예산을 집행한 결과에 대한 결산검사라는 절차를 거쳐 승인을 하고 매년 정례적으로 집행부에서 추진한 행정업무 전반에 대한 행정사무감사를 실시하고 있다.

팀장이나 과장은 부서의 많은 현안업무들을 직접 추진하고 있다. 또한 지역에서 해결해야 할 현안업무들을 처리하는 과정에서 의원들에게 협조를 구하는 등 많은 분야에서 의원들과 관계들을 형성하게 된다. 의회는 집행부에서 일 년 동안 추진한 행정업무 전반에 대한 성과를 평가하기 위하여 매년 정례적으로 행정사무 감사를 실시하고 있다. 그 외에도 집행부에서 제출한 각종 안건을 심사하는 등 많은 분야에서 관계를 맺고 있다.

의원들은 무소속인 경우를 제외하고 정당에 소속되어 있으므로 의원들마다 정치적인 성향을 가지고 있다. 그러므로 팀장이나 과장은 부서에서 추진하고자 하는 사업들에 대하여 의원들에게 정확하고 명확하게 설명을 할 필요가 있다. 지역에서 추진하고자 하는 사업들에 대해서는 해당 지역구 의원들에게는 반드시 설명을 하도록 조치하여야 한다. 따라서 팀장이나 과장들은 각종 사업들을 추진하는 과정에서 정당이 다른 의원들 간 의견이 다를 경우 의견을 조율한다든지 추진사업에 대하여 견해를 다르게 하는 의원들의 협조를 구하는 과정이 필요한 경우도 많이 있다.

따라서 지역의 현안이 되고 있는 사업들을 효율적으로 추진하기 위해서는 사업을 추진하기 위한 정책을 수립하는 과정에서 해당 지역구 의원들의 의견을 반드시 청취하고 이를 정책에 반영하도록 노력하여야 한다. 의원들의 의견을 정책에 반영하기 어려운 경우에는 해당사업을 추진하는 과정에 충분한 이해와 협조를 구한다면 해당사업이 매우 수월하게 추진될 것이다.

일부 팀장이나 과장들은 의원의 역할에 대하여 정확하게 이해하지 못하고 많은 오해들을 하는 경향이 가끔 발생한다. 의원도 단체장처럼 선거에 의해서 주민들로부터 선택을 받은 공무원들로서 집행부에서 추진하는 업무에 간섭을 한다거나 해당 업무에 대하여 다른 의견을 제시하는 경우가 많이 있다. 그러므로 팀장이나 과장들은 의원들을 부서의 소관업무를 추진하는 데 다소 걸림돌처럼 인식하고 매우 부정적인 시각으로 경원시하는 경향이 있다.

의원들도 주민들로부터 선택을 받은 정무직 공무원으로서 항상 지역발전을 위하여 많은 노력을 하고 있으므로 지역에 현안이 되고 있는 사업들이 있으면 의원들을 부정적인 시각으로 바라보지 말고 해당 지역에 지역구를 둔 의원에게 사업취지 등을 사전에 충분히 설명하고 이들의 협조를 구하는 것이 절대적으로 필요하다.

의원들은 각종 위원회에 소속되어 집행부에서 제출한 안건들을 심사를 하게 된다. 팀장이나 과장들이 지역에서 현안이 되고 있는 문제를 해결하기 위하여 안건들을 의회에 제출하여 심사를 받는 경우 해당사업을 추진하는 당위성에 대하여 지역 의원들과 충분한 의견을 교환하고 해당사업에 대한 타당성을 인정받으면 해당 지역의원들도 소관위원회에 소속된 동료의원들을 설득할 것이다. 아울러 집행부에서 제출한 심사안건이 원만하게 통과될 수 있도록 적극적으로 도움을 주실 것이다.

팀장이나 과장은 부서의 다양한 정책들을 집행하고 현안문제들을 해결해야 하므로 평소에 의원들의 예우에도 각별히 신경을 기울여야 한다. 의원들과 의견이 상충되는 문제에 대해서는 사전에 충분한 이해와 설득을 통해서 문제들을 해결하려는 마음자세를 유지하여야 한다. 이러한 과정을 통하여 의원들과 친분관계를 지속적으로 유지하고 이들에게 도움을 요청하면 공무원들이 업무를 처리하는 데 매우 유익한 경우들이 많이 있을 것이다.

일부 사업의 경우 가끔 거칠게 항의하는 민원인들을 설득할 필요가 있다. 이때 해당 지역에 지역구를 둔 의원의 소개를 받아 민원인을 설득하거나 설득이 어려우면 지역 의원과 동행하여 대화를 시도한다면 거친 민원인들도 의외로 쉽게 마음의 문을 연다. 아울러 본인들의 고충을 허심탄회하게 이야기를 하는 경우가 많이 있어 문제해결의 실마리를 찾게 될 것이다. 팀장이나 과장은 의원들을 지역발전이라는 공동의 목표를 향해 가는 집행부의 동반자라는 인식을 마음속에 가질 필요가 있다.

따라서 팀장과 과장은 의원들을 항시 본인들의 업무를 감시하거나 감독하는 사람으로만 인식하지 말고 본인들이 해결하기 어려운 문제들을 해결하기 위해서 도와주고 격려해 주는 지역의 대변자라는 인식을 평소에 가질 필요가 있다. 의원들은 지역의 실정에 대해서 누구보다 잘 이해하고 이를 해결하기 위해서 많은 노력들을 하고 있으므로 평소에 의원들과 원만한 관계를 유지하고 지역에 어려운 일들이 있으면 의원들에게 먼저 협조를 구한다는 마음가짐을 갖는 것이 필요하다.

제 4 장

정리기

업 무 노하우

∞∞∞∞∞∞∞∞

　지방공무원으로서 근무기간이 오래 경과하면 모두 동일한 직급이나 직위로 승진하지는 않지만 연령적으로는 비슷한 시기에 퇴직을 맞이하는 경우가 대부분이다. 공무원생활을 하다보면 여러 가지 사유로 공직에서 떠나서 다른 직업을 갖는 경우도 있지만 대부분의 공무원들은 특별한 사유가 없으면 정년까지 공직을 맡는 경우가 대부분이다.

　이 시기가 도래하면 공무원들은 대부분 오랜 기간 공직에 몸을 담았기 때문에 각자 다양한 경험과 업무처리에 대한 노하우들이 많이 있을 것이다. 하지만 퇴직공무원들이 행정경험과 업무에 대한 노하우를 후배 공무원들에게 강의 등을 통해서 전수해 줄 수 있는 기회도 매우 제한적이고, 이에 대하여 고민들을 하는 경우를 보지 못했다.

　정년을 맞이하여 공직을 그만두는 공무원들은 후배 공무원들에게 본인이 경험한 내용 중 잘했던 부분은 후배 공무원들이 더욱 발전시켜 진정으로 주민들에게 봉사하는 공무원으로 거듭나도록 도움을 주어야 한다. 또한 업무처리 과정에서 실수를 했거나 개선할 사항이 있으면 후배 공무원들이 동일한 실수를 반복하지 않고 시행착오를 겪지 않도록 도움을 줄 수 있는 방법들을 찾도록 노력을 하여야 한다.

공무원 생활을 마감하는 자리에 있는 공무원들이 가장 많이 하는 말은 '본인이 예전에 근무할 때는 그렇지 않았는데 요즈음 공무원들은 그 당시와 매우 다르다'는 등 불평들을 하고는 한다. 본인들도 과거를 생각해 보면 당시 선배 공무원들은 융통성도 부족하고 매우 고지식하다고 생각하지는 않았는지 되돌아볼 필요가 있다.

시대가 변함에 따라 가치관도 변하고 생활환경의 변화에 따라 생활의 행태도 많이 달라지므로 일정한 연령에 도달하여 공무원으로서 마지막을 장식할 시간이 되면 아름다운 퇴장을 위해서 후배 공무원들에게 어떻게 처신하여야 하는지를 진지하게 고민하고 이를 실천하도록 노력해야 한다.

일정한 시간이 흐르고 퇴직을 맞아하는 시기에 도달하면 후배 공무원들이 본인을 위하여 일정한 행위를 할 것이라고 기대를 하는 것은 매우 잘못된 관습인 것 같다. 누구나 오랜 세월동안 몸담은 공직에서 멀어지면 다소 불안감이나 서운한 감정이 생기는 것은 당연한 것이지만 만약에 공직을 떠나는 시간에도 이러한 감정들이 생기지 않은 것 또한 이상한 현상일 것이다.

아름다운 퇴장을 준비하는 과정에 있는 공무원들은 근무하는 기간 동안 공직에서의 터득한 노하우를 후배 공무원들에게 아낌없이 전수하여 행정업무를 추진하는 과정에서 올바르게 적용할 수 있도록 조언을 하여야 하는데 대부분 퇴직시기가 임박한 공무원들은 후배 공무원들에게 욕을 먹지 않기 위해서 업무에 신경을 덜 쓴다거나 쓴소리하는 것을 자제하는 경우가 많이 있다. 이것이 공직을 마지막으로 마감하는 선배 공무원으로서 바람직한 자세는 아닌 것 같다.

퇴직을 앞둔 공무원이 과도하게 권한을 행사한다거나 다년간 행정업무에 대한 경험이 많다는 이유로 일방통행 식으로 업무를 추진한다면 이 또한 큰 문제를 일으킬 수 있다. 공직을 마감하는 시점이 되면 개인의 영달을 떠나서 조직을 위해서 조금이라도 헌신하는 마음을 가지고 후배 공무원들에게 업무적으로나 인간적으로 조금이나마 도움을 줄 수 있는 방법을 찾아서 조직에 기여할 수 있도록 공무원 각자가 고민하고 이를 실천하도록 노력하는 것이 반드시 필요할 것이다.

공무원 조직에는 다양한 직종과 직렬의 공무원들이 공존하고 있으므로 직위의 높낮이에 관계없이 본인이 맡은 직종에 따라 조직에 기여할 수 있는 방법들은 매우 다양할 것이다. 공무원들은 어느 분야에서 근무하든지 나름대로의 업무에 대한 노하우가 존재하고 후배 공무원들에게 전해줄 수 있는 업무 내용도 많이 있을 것이다.

특히 공무원들이 다양한 행정업무를 추진하는 과정에서 문자로는 기술할 수는 없지만 각 분야마다 해당 업무에 대한 무형의 노하우가 다양하게 존재하므로 이들을 후배 공무원들에게 전수할 수 있는 여건을 조성하고 이들에게 도움을 줄 수 있는 방안을 강구할 필요가 있다.

공직을 정리하는 시점에 있는 선배 공무원들은 그 동안 습득한 행정업무에 대한 노하우를 효율적으로 전수할 수 있는 방안이 있는지 진지하게 고민해 보고, 조직에서도 이들이 후배 공무원들에게 어떻게 하면 다양한 행정업무에 대한 노하우를 전수할 수 있는 장을 마련할 수 있는지 고민해 볼 필요가 있다.

아울러 문자 형태로 후배 공무원들에게 전수할 내용을 공무원생활 틈틈이 시간을 내어서 기록하고 책자를 발간하는 등 다양한 방법으로 이를 후배 공무원들에게 전수해 줄 수 있다면 후배 공무원들의 공무원생활에 좋은 길라잡이가 될 수 있을 것이다.

지 역 발 전

◇◇◇◇◇◇◇◇◇◇◇◇◇

　지방공무원들은 항상 구민들에게 봉사한다는 마음자세로 근무를 하고 있다. 하지만 공무원생활을 정리하는 시기에는 근무하고 있는 지역사회가 어떠한 모습으로 변모할 수 있는지, 본인도 지역발전을 위하여 어떤 방법으로 조금이나마 기여를 할 것인지 자신을 되돌아 볼 수 있는 좋은 기회인 것 같다.

　공무원생활을 마감하는 공무원들이 이러한 생각을 하는 것은 그 동안 행정에 대한 다양한 경험을 활용하여 어떻게 하면 지역사회를 바람직한 방향으로 변화시킬 수 있는 방법들이 있는지 고민들을 하게 된다. 이는 본인들이 그동안 행정업무를 추진하면서 실행하지 못했던 일들에 대한 후회일 수도 있겠지만 앞으로 50~100년 이후 지역사회가 변화될 모습을 상상하면서 그동안의 행정경험을 활용하여 지역사회를 발전시키는 데 미력이나마 공헌을 할 수 있는 기회를 찾기 때문인 것 같다.

　지역사회가 지속적으로 발전하기 위해서는 지역주민들과 자치단체 공무원들이 함께 과거의 지역발전의 행태를 연구하고 이를 토대로 장기적으로 어떻게 변화시킬 것인지 고민하는 것이 매우 중요하다. 과거에는 모든 행정과 발전의 중심지였으나 시간이 흐름에 따라 구(舊) 도심으로 인식되고 다소 낙후된 지역으로 전락하여 역사적인 향수를 느끼게 하는 곳들이 많이 있다.

반대로 과거에는 낙후지역으로 인식되었던 주변지역이 새로운 행정의 중심지역으로 성장하는 모습들도 많이 보게 된다. 당시 도심에서는 현재의 상황을 유지하고 관리하는 데 큰 비중을 두었지만 상대적으로 낙후되었던 도시 외곽지역은 지역주민들과 공무원들이 힘을 모아 지역사회를 발전시키기 위하여 다양하고 장기적인 프로젝트를 수립하고 이를 실천한 결과 현재의 모습으로 변화된 것을 알 수 있다. 따라서 지역의 발전을 위해서는 장기적인 관점에서 접근하는 것이 반드시 필요하다.

이와 같은 사례에서 알 수 있듯이 지방공무원들이 근무하고 있는 지역사회가 시대의 변화에 맞게 변모하기 위해서는 향후 발전방향을 정확하게 예측하고 이에 적합한 도시계획을 수립하는 등 미래의 청사진을 그리는 것이 필요하다. 아울러 지역사회에서 활동하고 있는 전문가들의 고견을 통합하고 이를 행정에 접목시키는 역할을 하여야 한다.

지역사회가 지속적으로 발전하기 위해서 장기적인 발전계획을 수립하는 과정에는 수많은 이해관계인들이 있겠지만 공직을 마감하는 시점에 이르는 공무원들은 소신 있고 당당하게 지역사회의 다양한 의견을 수렴하기 위한 공청회, 간담회 등을 개최하여 지역에 불협화음도 줄이고 갈등도 봉합하여 통합의 길로 나아갈 수 있도록 지혜를 모으는 데 마지막 공직생활을 불태우려는 의지가 필요하다.

이렇게 중요하고 어려운 지역발전 방향을 올바르게 설정하기 위해서는 의사결정 과정을 투명하고 공정하게 추진하는 등 절차상의 하자가 없어야 하고 다양한 이해관계인들의 참여가 필수적이다. 하지만 의사결정 과정에 일부 이해관계인만 참여시키거나 혹시 반대가 예상되고 다른 의견을 제시하려는 이해관계인들을 의사결정과정에서 배제시킨다면 올바른 발전방향을 수립할 수 없을 것이다.

공무원 생활을 정리하는 시점에 임박한 공무원들은 그동안 행정에 대한 경험을 바탕으로 현안문제에 대한 새로운 대안을 제시하는 등 행정의 노하우를 아낌없이 후배 공무원들에게 전수해 주기 위하여 최선의 노력을 다하여야 할 것이다.

제3절
유 관 단 체

◇◇◇◇◇◇◇◇◇◇◇◇

지방공무원들이 처리하는 업무의 대부분 지역주민의 민생현장과 직결되는 업무들이 많이 있다. 특히 지역의 쓰레기 처리, 불법 주정차 단속, 하수도 정비, 이면도로 포장 등 주민생활 밀착형 행정이 주를 이루고 있으므로 주민들의 생활과 밀접한 업무들을 효과적으로 추진하기 위해서 많은 노력들을 경주하고 있지만 공무원들의 힘만으로는 한계가 있다.

지방공무원들이 지역의 민생문제를 효율적으로 해결하기 위해서는 지역의 유관단체들과 긴밀한 협조체계를 구축하고 이를 토대로 현안이 되고 있는 문제들을 원만하게 해결하여 지역을 살기 좋은 곳으로 만들어 가야 한다. 하지만 당면한 민생 문제들을 조속히 해결하기 위해서 필요한 재원부족 등으로 한계에 도달하게 되어 새로운 돌파구를 찾고자 동분서주하고 있다.

일부 지방공무원들은 민생업무를 추진하는 과정에서 단기적으로 실적 올리기에만 급급하여 특정한 이해관계자들과 함께 민생업무를 추진하는 경우가 많이 있는데 이는 매우 잘못된 행정행위라고 할 수 있다. 지방행정은 복합행정으로서 지역의 다양한 의견을 수렴해야 하고 수시로 협조를 구해야 하기 때문에 이들이 다양한 의견을 제시할 수 있는 토론의 장을 마련해야 하며 토론절차도 투명성하고 공정성하게 진행하여야 한다.

따라서 공무원들이 지역의 민생업무를 효과적으로 해결하기 위해서는 유관단체의 도움이 필수적이므로 평소에 업무적인 유대관계는 물론 유관단체 관계자들과 인간적인 관계망 형성이 잘되어 있어야 함으로 유관단체와 유기적인 관계망을 형성하기 위해서는 단순히 업무적인 관계만을 강조하거나 반대로 개인적인 친분을 앞세워 너무 인간적인 부분만을 강조하는 경우 많은 부작용들이 발생할 수 있다.

특히 단체장도 정치인이고 유관단체 관계자들도 정치적인 성향을 나타낼 수 있으므로 특정한 유관단체와 밀접한 관계망을 형성하고 행정행위를 하는 것이 다소 정치적인 행위로 오해하는 사례들도 있다. 공무원 생활을 마감하는 공직자들은 관내 유관단체 관계자들과 오랫동안 긴밀한 유대관계를 가지고 있으므로 이를 바탕으로 민생업무를 추진하는 과정에서 도움을 요청하거나 유관단체에서 협조를 받는 일들이 발생하더라도 정치적인 오해를 받는 일은 발생되지 않을 것이다.

지방공무원들의 행정행위에 정당성이 확보되기 위해서는 평소
에 유관단체와 올바른 관계망을 형성하고 때로는 이들에게 협조
를 구하는 것이 필요하므로 유관단체와 균형적인 관계망을 형성
할 수 있도록 다년간의 행정경험을 활용하는 것이 절대적으로 필
요하다. 선배 공무원들은 오랜 근무기간 동안 터득한 행정경험을
바탕으로 후배 공무원들에게 유관단체에 협조를 구하는 방법이
라든지 이들과 관계에서 어떻게 하면 균형적인 관계들을 유지할
수 있는지 유관단체와 업무처리에 대한 노하우를 전수해 주어야
한다.

자치단체에서는 지역의 유관단체에 각종 보조금을 지원하여 육
성하는 일들도 많이 하고 있다. 하지만 많은 시책사업들을 유관
단체와 공동으로 추진하는 경우도 있으며 이러한 공동을 추진하
는 시책사업을 선정할 경우 자치단체에서 일방적으로 사업들을
선정하기 보다는 유관단체와 협의하여 선정하는 것이 바람직하
다. 대상사업 선정 시에도 지역 다수 주민들에게 효과가 발생될
수 있고 지역에서 해결이 시급한 문제부터 선정하는 것이 필요하
고 장기적인 프로젝트에 대해서는 유관단체와 함께 장기적으로
함께 고민하는 과정을 거치는 과정이 필요하므로 공무원들은 장

기적인 관점에서 접근하는 것이 효과적이다.

유관단체의 지원과 육성을 담당하는 공무원들도 평소에 유관단체 임직원들과 긴밀한 관계를 유지하고 이들의 애로사항을 적극적으로 청취하는 자세가 필요하므로 선배 공무원들은 평소에 인맥을 통하여 후배 공무원들이 유관단체의 임직원들과 원활한 유대관계가 형성될 수 있도록 적극적으로 지원해 줄 필요성이 있다. 공직을 마감하는 시점에 도달한 공무원들에게는 장기적으로 지역사회를 어떠한 방향으로 발전시키고 지역사회가 나아갈 올바른 비전을 제시하는 것이 매우 중요하다.

하지만 지역사회를 효과적으로 발전시키기 위해서는 자치단체에서 부족한 분야를 보완해 줄 수 있도록 다양한 이해관계인들에게 협조를 구하거나 유관단체의 인적 물적 자원을 최대한으로 활용하여야 한다.

제4절

자 기 계 발

◇◇◇◇◇◇◇◇◇◇◇◇◇

　지방공무원생활을 마감하는 시점에 이른 공무원들에게 자기계발을 이야기한다는 것이 다소 생소하게 들릴지 모르겠지만 공직생활을 마감하는 시점에 있는 공무원들에게는 더욱 필요한 것이 아닌가 생각된다. 모든 공무원들이 그렇지는 않겠지만 이 시기가 도래하면 조직에서 중요한 의사결정을 하는 각종 회의에 참석하여 자신의 의견을 개진하거나 의사결정에 영향을 미치는 의사표현을 하는 경우가 많이 있으므로 자기계발을 통하여 본인들의 역량을 향상시키기 위하여 많은 시간과 노력이 투입되어야 한다고 생각한다.

　이 시기에 도달한 공무원들은 다양한 분야에 해박한 지식을 가지고 있겠지만 지역에서 현안이 되고 있는 각종 문제들은 종합적인 관점에서 조망할 필요가 있으므로 의사를 결정하는 과정에서 그동안의 행정 경험을 바탕으로 조직에 기여할 수 있는 다양한 방법들을 찾게 될 것이다. 이 시기에는 각종 회의에 참석해야 하고 여러 부서에서 현안이 되고 있는 문제들에 대한 해결방안을 찾기 위하여 많은 문서들을 검토하다 보면 개인적으로 활용할 수 있는 시간이 매우 부족한 것이 현실이다.

공직을 마감하는 시점에 이른 공무원들은 '시간도 부족하고 체력적으로도 부담이 되는데 어떻게 자기계발에 시간을 투입할 수 있느냐?'라고 반문하는 공무원들도 분명히 있을 것이다. 이 시기에는 과중한 업무와 많은 회의참석으로 인하여 많은 스트레스가 쌓이고 개인적으로 시간을 활용하는 데 다소 어려움이 있겠지만 제4차산업혁명시대인 요즈음 행정환경은 매우 빠르게 변화하고 있고 앞으로도 더욱 빠른 속도로 변해 갈 것이다. 이러한 시대적인 흐름에 따라 새로운 행정환경에 신속하게 적응하는 것이 필요하게 되므로 체력관리와 병행하여 자기계발이 반드시 필요할 것이다.

공무원들이 시간도 부족하고 다소 어려움이 많은 환경에서 근무를 하고 있겠지만 자기계발을 하기 위해서는 먼저 조직에서 역할과 연계해서 접근해 볼 수 있다. 이 시기에 다다른 공무원들은 많은 회의에 참석하여 다양한 사례들을 접할 수 있다. 그러므로 회의를 통하여 행정경험이 많거나 학식이 높은 분들의 고견들을 경청할 수 있는 기회들이 많이 주어진다. 이러한 기회를 효율적으로 활용하여 자신에게 부족한 부분을 채우거나 전혀 경험해 보지 못하였지만 평소에 특별한 관심을 가지고 있는 분야에 대한 지식들을 쌓을 수 있는 기회로 활용하면 될 것이다.

공직을 마감하는 시점에 도달한 공무원들은 많은 회의에 참석하여야 하므로 시간 부족 등으로 회의내용을 충분히 파악하지 못하는 경우도 가끔 있을 수 있겠지만 회의자료에 조금만 관심을 가지고 회의를 주관하는 담당자와 면담시간을 활용하여 의견을 교환해 본다면 회의주제에 대한 핵심쟁점과 회의내용들을 정확하게 파악할 수도 있을 것이다.

시간적인 여유가 없어 회의에 대한 준비가 부족한 분야는 이러한 과정을 거쳐서 회의내용들을 숙지하고 참석하게 된다면 회의주제에 대한 핵심쟁점을 정확하게 이해하고 회의 참석자들과 수준 높은 토론도 가능하므로 이러한 회의를 통하여 전문가들의 다양한 고견들을 들을 수 있는 기회가 주어진다. 이러한 회의를 통해서 본인이 참고할 사항이 있으면 회의가 종료된 이후에 별도의 파일로 정리하고 체계적으로 관리한다면 매우 다양한 분야에 높은 식견을 겸비할 수 있어 자기계발에 많은 도움이 될 것이다.

아울러 급변하는 행정환경에 맞게 빠르게 적응하기 위해서 시대적인 변화에 따라 다양한 분야에 대한 관심과 노력들이 요구되고 있으며 현재의 행정환경도 시대적인 흐름에 따라 주민편익 위주로 빠르게 변화되고 있으므로 주민들의 요구사항들도 점차적으로 늘어나고 요구수준도 점차 높아지는 경향들이 있다.

하지만 공직을 마감하는 시점에 이른 공무원들은 빠르게 변화되고 있는 새로운 행정 패러다임의 변화라든지 새롭게 도입되고 있는 행정이론들을 능동적으로 숙지하는 데 시간적으로 여유가 없는 것도 사실이다. 이러한 한계를 슬기롭게 극복하기 위한 가장 좋은 방법은 조직에서 개최되는 각종 위원회에 참석하여 해당 분야의 전문가로 위촉된 교수들이나 외부전문가들을 활용하는 것이다.

위원회에 참석하여 회의를 진행하는 과정에 여유시간을 활용하여 새로운 행정환경과 행정이론의 변화에 대하여 해당 분야 전문가들에게 조언을 구하면 될 것이다. 위원회가 종료된 후에도 본인이 몰랐거나 특별히 관심이 있는 분야에 대해서 해당 분야의 전문가로 위촉된 위원들에게 도움을 요청하면 위원들은 자세하고 성의 있게 알려줄 것이다. 따라서 이러한 기회를 적극적으로 활용하여 평소에 궁금하였거나 어려운 문제들을 해결할 수 있는 좋은 방법들을 찾을 수 있는 기회로 활용한다면 자기계발에 매우 큰 도움이 될 것이다.

현재는 주중에는 야간이라든지 주말시간을 이용하여 많은 기관에서 행정업무와 관련되는 강좌들을 많이 개설하고 수강생들을 모집하는 경우가 많이 있으므로 공무원 생활을 정리하는 이 시기에는 시간적인 여유가 다소 없겠지만 주말이나 주중에는 야간시간을 활용하여 관심이 있는 분야에 대한 자기계발을 하기 위하여 대학이나 전문기관에 등록하여 강의를 듣는 기회를 갖는다면 매우 유용할 것이다.

아울러 대학이나 전문기관에는 등록한 수강생들은 해당 분야에 동일한 관심을 가진 사람들로 구성되어 있으므로 상호간에 끈끈한 유대관계가 유지되고 강의를 하시는 분들도 해당 분야의 전문가들이기 때문에 다양한 내용들을 집중적으로 전수해 주시려고 노력하고 있으므로 자기발전을 위하여 대학이나 전문기관의 강사들과 밀접한 유대관계를 맺고 이를 적극적으로 활용하기를 권하고 싶다.

공직을 정리하는 시기에 다다른 공무원들은 해당 분야 전문가들이 전수하는 전문지식과 방법들을 통해 집중적으로 학습을 하게 된다면 자기계발을 위한 시간부족을 보완할 수 있으며 동일분야에 관심이 있는 수강생간 모임도 자연스럽게 형성되므로 이들과 유대관계를 통하여 자기계발을 위한 다양한 지식들을 습득할 수 있을 것이다.

많은 어려움에도 불구하고 집중적으로 자기계발을 하기 위해서는 가능한 많은 시간을 투입할 수 있도록 노력이 필요하고 평소에 본인들이 관심을 가지고 있었지만 시간 부족으로 시도조차 못하였던 운동, 음악, 독서 등 취미생활에도 적극적으로 관심을 가진다면 공직생활을 효과적으로 마무리를 하는 데 매우 유익할 것이다. 이러한 취미활동은 공직을 마감한 후에도 계속적으로 지속할 수 있으므로 다양한 분야의 취미활동에도 각별한 관심을 가진다면 자기계발에 도움이 될 것이다.

제5절

멘 토 연 습

◇◇◇◇◇◇◇◇◇◇◇◇

　지방공무원들은 조직을 매개체로 먼저 공직에 입문하여 조직발
전을 위해서 많은 노력들을 하고 있는 선배 공무원과 공직에 입문
한 시기가 다소 늦은 후배 공무원들이 유대관계를 맺고 있다. 이들
은 조직에서 많은 현안문제들을 처리하기 위하여 함께 고민하고
생사고락을 같이 하는 동료들로서 어떠한 경우에는 가족들보다
더 많이 얼굴을 마주하고 대화를 하는 아주 가까운 사람들이다.

　공직생활에서 선·후배관계는 공적으로 업무를 추진하는 관계가
정상적이지만 일부는 공식적인 업무를 통하여 인간적인 관계가
자연스럽게 만들어지게 되므로 이들의 관계는 매우 밀접하게 연
관이 되어 있어서 조직에서 많은 문제들이 발생하기도 한다. 공
직에서의 선배는 인생에서 선배개념과 다른 개념으로 인생에서
의 선배의 개념은 대체적으로 나이와 덕망 등을 기준으로 하는 경
우가 많이 있는데 공직에서는 일반적으로 입문시기 등을 기준으
로 이야기하는 경우가 많이 있으므로 인생의 선배의 개념과는 다

소 차이가 있다.

지방공무원 조직에는 다양한 직종과 직렬의 공무원들이 함께 근무를 하고 있으며 입직경로도 또한 매우 다양하여 일률적으로 선배 공무원이라고 명확하게 정의하는 것은 쉽지 않을 것이다. 따라서 공무원들이 일반적으로 선배 공무원이라고 함은 공직에 먼저 입직하고 근무기간이 상대적으로 오래된 공무원들을 선배 공무원이라고 이야기하는 경우가 많이 있는데 여기에서는 선배 공무원의 개념을 공직에 먼저 입직해서 상대적으로 행정경험이 풍부하고 비교적 나이가 많은 공무원을 선배 공무원으로 지칭하고자 한다.

선배 공무원들과 후배 공무원들은 조직이라는 하나의 울타리에서 공식적으로는 업무를 함께 고민하고 처리하는 관계일 뿐만 아니라 업무 외적으로는 인간적인 공감대를 형성하고 인생사를 허심탄회하게 이야기할 수 있는 관계일 수도 있다. 선·후배 공무원들은 조직에서 공식적인 관계도 있겠지만 일부는 과거에 함께 근무했던 인연이라든지 학연이나 지연 등의 사유로 상호간 자연스러운 인간적인 공감대를 형성하는 경우들도 있을 것이다.

공직사회에는 조직에 부여된 업무들을 원활하게 추진하기 위해서 직위나 직급에 따라 이에 상응하는 결재권이 주어지게 되므로 선·후배 공무원간 허심탄회하게 이야기를 나누거나 인간적인 유대관계를 갖는 것이 매우 힘든 경우도 있다고 이야기를 하는 경우도 많이 있다. 따라서 특정한 문제에 대한 의사결정을 하는 과정에 선배 공무원들의 일방통행식의 의사결정 행태로 후배 공무원들이 많은 반감을 가지고 때로는 조직에 갈등을 일으키기도 한다.

모든 선배 공무원들이 그러는 것은 아니겠지만 일부 선배 공무원들 중에는 직위나 직급이 큰 벼슬이나 되는 것처럼 '모든 일은 본인이 판단하고 본인이 결정하여야 한다'는 큰 착각 속에서 공무원생활을 마감하는 선배 공무원들도 종종 있었다. 하지만 선배 공무원은 후배 공무원들이 업무적으로 미숙하거나 잘못된 결정을 하는 경우가 있으면 이에 대한 조언을 하거나 올바르게 판단을 할 수 있도록 후배 공무원들에게 아낌 없는 조언과 격려를 해 주는 역할을 해 주는 것이 당연하다고 생각된다.

공무원 생활을 정리하는 시점에 있는 선배 공무원들이 일방 통행식 의사결정을 한다든지 공식적인 근무시간이 종료된 후에도 무의식적으로 후배 공무원들의 사생활을 간섭하거나 방해하는 선배 공무원들이 종종 있는데 이는 매우 위험한 발상이고 즉시 시정되어야 할 문제들이다.

선배 공무원들은 공무원이라는 조직에서 어렵고 힘든 많은 일들을 추진하는 과정에서 고생도 많이 하고 때로는 업무적으로 고뇌하는 일들도 많이 있었을 것이다. 이러한 과정에서 선배 공무원들이 터득한 행정업무에 대한 다양한 노하우는 돈으로 환산할 수 없는 어마어마한 무형의 가치가 있을 것이라고 생각이 된다.

따라서 선배 공무원들은 그 동안 행정업무를 추진하는 과정에서 터득한 업무에 대한 노하우와 인생을 살아가면서 직장인으로 겪은 다양한 경험들을 아낌없이 후배 공무원들에게 전수해 주어야 한다. 하지만 아쉽게도 일부 선배 공무원 중에는 본인이 모든 분야에서 만능의 재주를 가진 것처럼 착각하고 후배 공무원들의 의견을 경청하지 않고 의사소통 없이 일방통행으로 의사결정을 하고 후배 공무원들은 이에 따르게만 하는 우를 범하는 경우들을 많이 보아 왔다.

공직을 정리하는 시점에 이른 선배 공무원들이 터득한 행정업무에 대한 노하우나 인생의 경험들을 후배 공무원들이 본을 받을 수 있는 여건들을 조성하고 이를 아낌없이 전수해 줄 수 있도록 노력하여야 한다. 따라서 행정업무를 추진하면서 후배 공무원들이 본인들과 같은 동일한 실수들을 반복하지 않고 훌륭한 공직자로 성장하도록 도움을 주어야 한다. 또한 직장인으로서 겪은 다양한 인생 경험들도 함께 후배 공무원들에게 알려주어 후배들이 공직에 몸을 담고 근무하는 마지막까지 좋은 보약처럼 활용할 수 있도록 멘토로서 역할을 충실히 하여야 할 필요가 있다.

제6절

본 인 성 찰

◇◇◇◇◇◇◇◇◇◇◇◇◇

　지방공무원들이 추진하는 사업들 대부분은 지역주민들의 일상
생활과 매우 밀접한 관련이 있는 생활밀착형 행정이다. 그러므로
지방공무원들은 각종사업을 추진하는 과정에 이해당사자들의 의
견을 충분히 청취하고 이를 행정에 반영하도록 많은 노력들을 하
고 있다. 또한 지역에서 발생되는 현안문제들을 해결하기 위해서
유관기관과 업무협의 등으로 많은 시간들을 보내게 된다.

　지방공무원들은 생활밀착형 업무들을 추진하는 과정에서 이해
관계자들과 의견이 상충될 때에는 관계자들의 의견을 충분히 청
취해야 한다. 이해관계자들이 도출한 의견에 합당한 근거를 가지
고 있으면 업무를 추진하는 데 반영하고 근거가 합당하지 않으면
이해당사자 간에 충분한 의견조율의 과정이 필요하다. 그러므로
지역에서 현안이 되고 있는 민원사항을 원만하게 해결하는 데 많
은 노력들이 요구된다.

　이러한 일련의 과정을 반복하다 보면 일주일이라는 근무시간도

금방 지나가 버리고 새로운 한 주를 마주하는 일들이 반복되어 공직을 마감하는 시점에 있는 공무원들이 자신의 행태들을 진지하게 되돌아 볼 수 있는 자기성찰의 시간이 부족하다고 느끼는 경우가 대부분이다. 하지만 공무원들은 자기성찰을 어떻게 하여야 하는지 방법들을 모르는 경우가 많이 있고 여기에 관심들을 가지고 있는 경우도 거의 없는 것이 사실이다.

　지방공무원들은 본인이 원하여 공직을 그만 두거나 공무원으로 근무하는 기간 동안 특별한 일들이 발생하지 않으면 대체로 정년까지 근무를 한 후에 공직을 마감하게 된다. 공직이라는 울타리에서 오랫동안 근무하다 보면 외부 환경과 다소 단절된 느낌을 받거나 주변에서 일어나고 있는 현상들에 대하여 다소 느린 반응을 나타내거나 심지어 아예 무시를 하는 경우들도 많이 있다.
　공직을 마감하는 준비하는 공무원들은 자기성찰 시간을 통하여 새로운 세상을 마주할 마음의 준비는 물론 이에 순응할 수 있도록 많은 노력들이 필요하다. 하지만 공무원들이 생각의 틀을 바꾸기 위해서는 자신에게 특별한 계기가 있다거나 본인들이 적극적인 자세를 가지고 스스로 변화하려는 절실한 욕망이 있을 때 가능한 것이다.
　공직에서 퇴직한 선배 공무원들은 빠트리지 않고 후배 공무원들에게 이야기하는 것이 있는데 '현직에 있을 때 퇴직 이후 새로운 세상을 마주할 때 낯설지 않도록 미리 준비를 했어야 했는데 준비를 못해서 많은 후회가 된다.'라는 말들을 많이 하는데 후배 공무원들은 이를 소홀히 넘기는 경향이 있다. 따라서 공직을 그만둘 시점이 임박한 공무원들은 자신이 다른 사람들에게 어떻게 보여지고 있는지 궁금해하기보다는 스스로 자신을 어떻게 평가할 것인지 냉철하게 생각하고 진지하게 고민하는 시간을 가질 필요가 있다.

공무원이라는 조직은 항상 타인과의 관계에서 생활을 하고 있으므로 공무원으로 근무하는 기간 동안 본인이 원하든 원하지 않든지 타인으로부터 지속적인 평가를 받고 있다. 또한 이들의 평가결과가 본인의 행동양식이라든지 대외적인 평판에 결정적인 영향을 미치고 있다. 그러므로 이에 대하여 매우 민감하게 반응하는 경향이 있다. 이러한 환경 속에서 근무를 하는 공무원들에게는 일상생활에서 본인의 주관을 뚜렷하게 나타내기가 다소 어려운 경우들이 많이 있는 것도 사실이다.

따라서 공직을 마무리하는 지방공무원들은 진정으로 본인이 어떠한 사람이고 어떠한 성향의 행동양식을 가지고 있는지 심각하게 고민하지 않고 타인의 평가에만 의존하여 본인들의 정체성을 정확하기 파악하기 힘든 경우가 많이 있다. 이러한 행동양식과

사고는 공무원 스스로 자존감을 낮게 평가하고 어떤 문제가 발생했을 때 문제를 해결하려는 의지가 약해 보일 수도 있다.

시간이 없다는 이유로 진정으로 본인의 모습을 보려는 노력은 하지 않고 현실에 안주하려는 태도를 바꾸기 위해서는 자기 자신이 어떠한 형태의 사람인지 진지하게 고민해 볼 필요가 있다. 자신의 성찰을 위해서는 전문기관에서 시행하는 교육프로그램에 참여할 수도 있지만 공무원 조직에서 실시하는 각종 프로그램에 적극적으로 참여하여 동료들로부터 피드백을 받는 것도 좋은 방법 중 하나이다.

공무원 조직에는 인재개발을 위해서 설립한 교육전문기관에서 심리분야에 대한 다양한 교육프로그램을 운영하고 있으므로 자기성찰에 관심을 가지고 있는 공무원들은 이러한 교육과정에 등록하여 교육을 받으면 될 것이다. 하지만 자치단체에서 설립한 교육기관에서 실시하는 교육프로그램에 참여하는 것이 자신에게 효과가 적을 것이라고 판단이 되면 외부 전문기관에서 실시하는 위탁교육에 참여해 볼 기회를 적극적으로 활용해 볼 필요가 있다.

공직을 마감하는 시점에 이른 공무원들은 자기성찰을 할 수 있는 프로그램을 운영하는 기관의 선택도 중요하지만 평소에 공무원들이 추진하는 업무와 관련된 프로그램에 참여하는 것보다 본인이 경험하지 못한 업무이거나 본인이 특별히 관심을 가지고 있는 새로운 분야의 프로그램에 참여하여 자신을 객관적이고 새로운 관점에서 조망해 볼 수 있는 계기를 마련한다면 진정으로 자기 성찰을 하는 데 매우 도움이 될 것이다.

아름다운 퇴장

◇◇◇◇◇◇◇◇◇◇◇◇

공무원생활을 정리하는 단계에 접어든 공무원들은 후배 공무원들과 업무적으로 건전한 관계를 정립하고 이를 바탕으로 한 인간적인 선후배관계가 원만하게 유지되도록 하여야 한다. 왜냐하면 자치단체는 소관업무를 지속적이고 효율적으로 추진하기 위한 조직체이기 때문에 조직 내에서 직위나 직급에 따라 공식적인 관계들이 형성되겠지만 일부 선배 공무원들은 공직을 그만둔 이후에도 이러한 관계를 지속적으로 유지하려고 하고 있는 경우가 있기 때문에 후배 공무원들이 다소 부담스러워 하는 경우도 많이 있다.

가끔 일부 선배 공무원들은 퇴직시기가 가까워지면 왠지 초조해하고 후배 공무원들과 퇴직 이후 관계설정에 대해서 많은 생각들을 하고 이에 대한 대비책을 마련하려고 하기도 했다. 과거에는 선후배 공무원간에 업무적으로나 인간적으로 끈끈한 유대관계가 형성되어 있었기 때문에 퇴직 이후에도 이러한 관계들이 자연스럽게 지속될 수 있었다.

하지만 지금은 시대가 많이 변화되어 공무원사회에서도 개인주의적인 성향이 강하게 나타나고 있으므로 공무원생활을 정리하는 시기에 도달한 공무원들은 과거에 본인들이 선배 공무원들과 유대관계를 맺었던 생각이나 행동들에 대한 기억을 깨끗이 지워버리고 현실을 올바르게 직시할 필요가 있다.

공무원들은 본인이 원에 의해서 중도에 공직을 그만두는 경우를 제외하고는 특별한 사유가 없는 한 일정한 연령에 도달하게 되면 누구나 공직에서 물러나야 하는 퇴직시점이 온다. 일부 공무원들에게 특별한 경우도 가끔 있을 수 있겠지만 대부분 공무원들은 조직에서 일정한 직급이나 직위로 공무원생활을 마감하는 경우들이 대부분이다.

공무원 조직은 주민들의 복리향상과 행복을 위하여 필요한 업무들을 추진하기 위한 단체이기 때문에 조직체를 구성하는 구성원 중 일정한 자리에 공석이 발생하면 곧바로 후임자를 임명하여 전임자들이 추진하던 업무를 계속 수행하면서 대민서비스를 계속하여 제공하여야 하고 자치단체의 소관업무는 중단 없이 지속적으로 수행하여야 한다.

따라서 후배 공무원들의 입장에서는 계속적으로 퇴직하는 선배 공무원들이 늘어나게 되고 직접 챙겨야 하는 선배 공무원들이 많아지게 되므로 이들에 대한 예우에 다소 소홀해질 수밖에 없는 실정이다. 후배 공무원들은 담당부서의 소관업무를 원만하게 추진하여야 한다. 또한 현직에 근무하고 있는 상사들과 관계를 원만하게 유지해야 하는 부담이 다소 있다. 이러한 과정이 반복되면 공직에서 물러난 선배 공무원들을 다소 소홀하게 대접하거나 이들에게 만족할 만한 예우들을 갖추기가 쉽지 않은 것이 현실이다.

공직에서 물러난 일부 선배 공무원 중 본인이 어떤 직위에서 근무할 때 편의를 봐주었거나 자상하게 업무지도를 해 주었는데 퇴직 이후에는 아무런 연락도 없을 뿐만 아니라 매우 무관심하다는 등 과거에 본인이 같이 근무했던 후배 공무원들에게 매우 섭섭한 감정들을 표출하기도 한다.

물론 선배 공무원 입장에서는 별다른 뜻이 없이 본인의 심정을 솔직하게 이야기하는 것일 수도 있겠지만 후배 공무원들 역시 일정한 근무기간이 지나면 공직을 떠나 제2의 인생을 준비해야 하는 사람으로서 단지 선배 공무원들과 시간적인 선후가 있을 뿐이다.

공직을 정리하는 시기가 임박한 공무원들은 후배 공무원들과 일정한 거리를 두고 관계들을 유지하도록 노력하고 본인이 공직에서 물러나면 어떻게 제2의 인생을 맞이할 것인가 진지하게 고민해야 할 것이다.

지금은 시대가 많이 변화되고 있으므로 후배 공무원들이 퇴직한 선배 공무원으로 인하여 심적인 부담을 느끼지 않도록 각별히 주의하여야 하지 않을까 생각이 된다. 따라서 선배 공무원들은 후배 공무원들이 심적으로 부담을 느끼지 않도록 공직에서 물러나기 전에 관계들을 깨끗하게 정리를 할 필요가 있고 퇴직 이후에는 가능하다면 이들과의 관계가 최소한으로 유지될 수 있도록 조치를 하여야 한다.

공직생활동안 업무적으로나 인간적으로나 좋은 인간관계를 유지한 선배 공무원들은 퇴직 이후에도 인생의 멘토 역할을 하거나 업무 외적으로 도움을 주는 경우들이 종종 있으므로 공직생활을 정리하는 공무원들은 후배 공무원들에게 마지막까지 좋은 이미지로 기억될 수 있도록 노력하여야 한다.

선배 공무원들은 공직생활을 마감하는 정리 기간을 본인에게도 매우 의미가 있고 유익한 시간으로 활용하는 것도 좋은 방법이 될 수도 있을 것이다. 비록 짧은 기간이지만 후배 공무원들과 같이 근무할 수 있는 매 순간마다 특별한 의미를 부여하고 가능하면 아름다운 추억으로 기억이 될 수 있도록 노력한다면 공직을 마감한 이후에도 후배 공무원들이 가끔은 자신을 그리워할 수도 있을 것이다.

공직생활 중 조직에서 만나는 공무원들은 많이 있겠지만 인연이 되어 같이 근무를 하였거나 업무적으로 유기적인 관계를 맺었던 공무원들의 숫자는 생각보다 많지 않을 것이다. 조직은 계속적으로 지속하여야 하는 유기체로서 작용하기 때문에 공직을 마감하는 시점이 되면 조직생활에서 함께 공감할 수 있는 공무원들의 숫자는 점차 줄어든다.

왜냐하면 선배 공무원들이 조직에서 퇴직한 빈자리에 신규 공무원들이 계속적으로 조직에 영입되므로 일정한 시점에서 공직생활을 마무리하는 공무원들이 업무적으로나 인간적으로 유대관계를 맺을 수 있는 직원들의 수는 점차적으로 줄어드는 것이 당연하다.

따라서 공직을 마감하는 공무원들이 주의를 해야 할 것은 같이 근무한 경험도 없고 업무 추진 시 유대관계가 없는 후배 공무원들과 진솔한 관계를 맺는 것도 쉽지 않기 때문에 기존에 유대관계를 맺고 있던 후배 공무원들과 어느 범위까지 관계를 지속할 것인지 진지하게 고민해 보는 노력이 필요할 것이다.

따라서 공직을 마감하는 공무원들은 같이 근무를 했던 공무원이건 근무를 같이 한 경험이 없는 공무원이건 조직이라는 한 울타리에서 동고동락을 같이 한 동료 공무원으로 생각하고 아름다운 퇴장을 준비하는 것이 필요하므로 평소에 이에 대한 준비를 철저히 하여 공직을 마감하는 시점까지 주변정리를 못하는 우를 범하지 않도록 각별한 주의가 요구된다.

제 5 장

지방행정
이해

지방행정과 정치

∞∞∞∞∞∞∞∞∞

흔히들 지방공무원은 직업공무원으로서 정치와 상당한 거리가 있고 정치는 단순히 정치인들의 영역이라고 단순하게 생각하는 경향이 있다. 이 책에서는 정치와 행정에 대한 본질을 논하기보다는 지방공무원들에게 정치가 어떠한 영향을 미치는지 알아보고 이에 대하여 어떻게 적응을 하여야 하는지 알아보고자 한다.

이 책에서는 정치와 행정을 학문적인 개념으로 논하는 것이 아니라 지방자치시대에 지방공무원으로 생활하면서 피부로 느낀 점을 알아보고자 한다. 학문적으로는 정치와 행정에 대한 개념들을 정확하게 정의할 수 있겠지만 지방공무원들은 자치단체에 근무하면서도 행정과 정치에 대해서 진지하게 고민을 하지 않고 근무를 하는 경우들이 많이 있다.

지방자치단체의 단체장은 선거에 출마할 당시 지역사회 발전을 위하여 주민들에게 선거공약을 약속한다. 주민들은 이를 검토해보고 본인들 기대에 부응할 수 있는 인물을 선출하게 된다. 따라서 단체장은 주민들이 선거를 통하여 선출한 선출직 공무원으로 대체적으로 정당에 소속되어 있으며 일부는 무소속인 경우도 있다. 그러므로 지방공무원들은 각종 사업들을 추진하기 위해서 사업에 대한 계획을 수립하는 과정에서 추진하고자 하는 사업들이 선거법에 저촉되지는 않는지 우선적으로 검토하고 이에 대하여 의문사항이 있으면 선거관리위원회에 자문을 구하는 등 선거법에 저촉이 되지 않는 범위 내에서 사업들을 추진하게 된다. 따라서 지방공무원들은 담당업무를 추진하는 과정에서 선거법에 저촉되는지 여부를 반드시 검토하여야 한다.

지역주민들은 선거공약들이 자기들에게 합당하다고 생각하면 이들에게 표를 몰아주고 당선을 시키므로 선거에 의해서 선출된 단체장은 주민들과의 약속인 공약사항의 이행을 위해서 최대한으로 노력을 기울인다. 자치단체에 근무하는 지방공무원들도 단체장의 공약사항 이행을 위해서 가능한 모든 행정력을 투입하고 단체장도 공약사항 이행상황을 주기적으로 점검하고 이를 관리한다.

지방공무원들은 이렇게 탄생된 단체장의 공약사항을 이행하는 과정에서 단체장과 정당을 달리하는 주민들과 갈등이 발생되는 경우도 종종 있다. 이는 단체장이 소속된 정당의 정책방향에 따라 공약이 탄생되었으므로 단체장과 정치적인 성향이 다른 주민들은 지역에서 추진되고 있는 사업의 우선순위라든지 특정한 사업에 대해서는 견해를 달리하는 경우들도 있기 때문이다.

지방공무원들은 정당에 가입할 수 없으므로 정치와 전혀 상관이 없다고들 생각하지만 단체장의 공약사업들의 탄생이 정치적인 색깔을 띠고 있으므로 이를 추진하는 지방공무원들이 정치와 전혀 무관하다고 이야기할 수 없다. 왜냐하면, 공약사업들을 추진하는 과정에서 발생되는 민원을 해결하고 사업과 관련된 이해관계인을 설득하는 과정을 밟게 되므로 지방행정과 정치는 매우 밀접한 관련이 있다고 말을 할 수 있다.

자치단체에는 선거에 의해서 선출된 의원들도 단체장과 마찬가지로 무소속을 제외하고 정당에 소속된 정당인이고 정치적인 성향을 가지고 자치단체를 견제하거나 감시하는 의회를 구성하는 구성원들이다. 의원들은 자치단체에서 발의하는 조례안을 심사하고 예산안을 심의의결하며 단체장이 제출하는 동의안에 대하여 심의의결한다. 아울러 예산을 집행하고 그 결과에 대한 승인을 하는 결산검사와 매년 정기적으로 자치단체에서 시행한 행정업무 전반에 대하여 행정사무감사를 실시하는 매우 중요한 역할을 수행하고 있다.

자치단체에서는 추진하려는 사업이 관련법령 등에 적합여부와 선거법에 저촉여부를 우선적으로 검토하고 관련규정에 적합하면 사업들을 추진하게 되는데 의원들은 집행부에서 추진하는 각종 사업들도 정치적인 관점으로 평가하고 정치적 논리에 합당하지 않으면 의원간 격렬한 논쟁이 일어나거나 의회에 구성되어 있는 각종 위원회에서 안건들을 심사하는 과정에서 찬성과 반대의 의사를 표시하며 본인의 정치적인 의사를 나타내게 된다. 따라서 자치단체에서 추진하는 사업들이 정치적인 영향을 받는다고 보아야 할 것이다.

지방공무원이 추진하고 있는 사업들은 주민들에게 영향을 주는 사업들이 대부분으로 많은 이해관계인이 존재하고 이들을 설득하고 협조를 구하는 것이 절대적으로 필요하다. 단체장이나 의원들도 지역의 이해관계인들과 매우 밀접하게 연관되어 있고 본인의 유권자이므로 각종사업을 추진하는 경우 정치적인 사항을 반드시 고려하게 된다.

지방행정업무를 추진하는 과정에서 정치적인 영향을 받겠지만 공무원들은 각종 사업들을 추진 시 우선적으로 각종 법령과 관련된 규정들을 정확하게 준수하고 이를 반드시 지키도록 노력하여야 한다. 따라서 행정업무를 추진하는 과정에서 정치적인 논리만 고려한다면 지방행정의 기본질서와 원칙은 무시되고 변칙적으로 행정업무가 추진되어 불가피하게 많은 민원들이 발생하게 된다.

이러한 사례의 발생을 방지하기 위해서는 지방공무원이 사업들을 추진하는 과정에 특별히 정치적인 이해관계가 있는 업무는 법규들을 정확하게 적용하도록 주의해야 한다. 자치단체의 업무가 정치와 밀접한 연관성이 있더라도 지방공무원들은 업무를 추진하는 과정에서 업무와 관련된 법령들을 완벽하게 검토한 후에 관련규정에 적합하면 정치적인 부분도 함께 고려하여 업무를 추진하려는 마음자세를 가져야 한다.

제2절

지방행정과 언론

◇◇◇◇◇◇◇◇◇◇◇◇◇◇

　지방자치단체 단체장은 선거에 의해서 선출된 선출직공무원으로서 지방자치단체에서 근무하고 있는 지방공무원과는 공무원으로 입직한 과정이 매우 다른데 자치단체에 근무하는 단체장은 무소속을 제외하고는 정당에 소속되어 있는 정당인이면서 정무직공무원으로 직업공무원과는 신분상 많은 차이가 있다. 이러한 차이로 인하여 동일한 사물을 보더라도 지방공무원들과는 사물을 인식하는 태도나 관점에서 많은 차이가 있다.

　지방공무원들은 모든 업무를 추진하는 과정에서 법규를 반드시 준수해야 하고 업무를 추진하는 과정에서 관련규정을 잘못 적용하여 해당 업무 추진에 문제가 발생되면 이에 대한 법적인 책임이 주어지게 된다. 하지만 선거에 의해서 선출된 단체장은 법적인 책임도 지겠지만 정치적인 책임이 동반되므로 각종 업무들을 추진하는 과정에서 자치단체에 근무하는 지방공무원과는 업무들을 인식하는 관점에서 많은 괴리가 발생되는 경우도 있다.

따라서 단체장과 지방공무원들은 언론관에 대해서도 상당히 다른 견해들을 가지고 있는데, 자치단체의 업무들이 언론에 보도되면 지방공무원들은 본인들에게 어떠한 법적인 책임이 있는지 우선적으로 살펴보고 이에 대한 대응방안을 강구하는 경향이 있는 반면 선거에 의해서 선출된 단체장은 본인에게 주어지는 법적인 책임과 병행하여 정치적인 책임에 대해서도 매우 민감하게 반응하고는 한다.

지역 언론사도 자치단체와 동일한 지역에 소재지를 두거나 여기에 종사하는 기자들도 지역주민들인 경우가 대부분이고 지방공무원들이 추진하는 업무의 대부분이 주민생활 밀착형 업무들로서 지역신문 기자들은 지역에서 추진하는 신규 사업은 물론 기존사업에 대해서도 상당한 관심을 가지고 추진경과 등을 주시하고 있다.

특히 자치단체에서 발생되는 각종 사건사고는 지역에 거주하는 주민들의 생활과 매우 밀접한 연관관계가 있으므로 지역 언론들은 지방행정에 대한 감시자로서 역할을 담당하고 있기 때문에 자치단체에서 발생되는 각종 사건사고에 대해서 매우 민감하게 반응하고 이에 대한 대응방안에 특히 많은 관심을 가지고 보도를 하고 있다.

자치단체에서 사건사고가 발생하면 지역 언론들은 사건사고가 발생된 배경과 이에 대한 대응방안을 신속하게 보도하여 지역 사회에서 빠르게 여론들이 형성된다. 사고발생 초기에 사건사고 내용이 신속하고 정확하게 보도되지 않으면 지역에서 발생된 사건사고를 원만하게 수습하는 과정에 지역주민들과 많은 갈등이 발생되고 사건사고를 해결하는 데 상당한 어려움을 겪게 된다.

자치단체에서 사건사고가 발생되면 지방공무원들은 이를 조기에 수습할 수 있는 방안들을 강구하여야 하는데 사건사고에 대한 법적인 책임소재를 규명하는 데 많은 시간들을 허비하는 경우가 많아서 지역 언론들은 이를 매우 부정적인 시각으로 보도를 하는 경우가 많이 있다. 따라서 사건사고가 발생되면 지방공무원들은 사건사고의 발생경위와 사건사고에 대한 수습방안에 관하여 지역 언론 관계자들을 초청하여 기자회견을 하는 것도 좋은 방안이 될 수도 있을 것이다.

지역언론들은 주민들이 반드시 알아야 할 내용이라든지 지역주민들의 생활과 밀접한 연관이 있는 사업들에 대하여 특별한 관심을 가지고 보도를 하는 경향이 있다. 그러므로 지방공무원들이 지역언론의 역할과 기능을 정확하게 인식하고 이들의 협조를 구한다면 지방공무원이 추진하는 사업에 대한 주민들의 관심과 주민동향을 빠르게 파악할 수 있을 것이다. 아울러 지역의 주민들을 설득하고 이해를 구할 필요가 있는 사업들을 추진하는 데 매우 유용한 수단으로 이용할 수도 있다.

지방행정에 대한 내용을 중앙 일간지에 홍보를 하기 위해서는 지역의 특색사업이라든지 특별한 사건들을 종합적이고 집중적으로 기획하고 이를 종합한 기획기사를 작성하여 보도자료를 제출하지 않으면 중앙 일간지에서 지역에서 추진하는 사업들에 대한 특별한 관심을 갖는 경우는 매우 낮아서 지방행정을 적극적으로 홍보하는 데 많은 한계가 있는 것이 현실이다. 하지만 지역에 거주하는 주민 중에서 중앙언론사에 근무하고 계시는 분들과 연관이 있는 분들에게 협조와 도움을 구한다면 이러한 어려움을 다소 해소될 수 있을 것이다.

지금 시대에는 통신매체의 발달로 다양한 의사소통의 방법이 존재하므로 지역에서 발생되는 각종 사건사고는 실시간으로 중계되고 전파되므로 지방공무원들은 다양한 홍보매체에 대하여 특별한 관심을 가지고 본인들이 추진하는 업무에 대하여 어떻게 홍보할 것인지 많은 고민과 대응방안을 마련하는 것이 매우 필요할 것이다.

지방공무원들이 많은 지방행정을 적극적으로 추진하려는 노력도 필요하지만 지역의 언론관계자들과 긴밀한 협조체계를 구축하여 지역주민의 정서를 올바르게 파악하고 이들의 의견을 신속하게 행정업무에 반영함으로써 지방행정 업무를 원활하게 추진하고 지역을 발전시키는 데 매우 도움이 되고 주민들의 만족도는 올라갈 것이다.

제3절
지방행정과 시민단체

◇◇◇◇◇◇◇◇◇◇◇◇◇

　자치단체는 지역에 소재한 시민단체와 업무적으로 매우 밀접한 관련이 있다. 그러므로 지방공무원들도 시민단체들과 다양한 사업들을 공동으로 추진하거나 자치단체에서 추진하는 현안사업들을 시민단체들에게 설명할 필요가 있다. 아울러 자치단체에서 실시하는 각종행사를 효율적으로 개최하기 위해서 시민단체의 협조와 참여를 구하는 일들이 많이 있다. 또한 시민단체도 지역의 발전을 위하여 자발적으로 많은 봉사들을 하고 있다.

　시민단체는 고유한 설립목적을 가지고 있으므로 시민단체별로 설립목적에 따라 다양한 사업들을 독자적으로 추진하는 경우도 많이 있고, 주민 간에 공동의 관심사이거나 주민들이 함께 모여서 실시하는 각종 기념행사에 참여하여 지역사회를 위하여 헌신적으로 봉사를 하고 있다. 따라서 자치단체에서는 지역을 위해서 많은 노력을 하고 있는 시민단체를 육성하기 위하여 보조금을 지원하거나 필요한 경우 사무실을 제공하는 등 행정적으로나 재정적으로 많은 지원을 하고 있다.

하지만 시민단체는 단체만의 고유한 업무영역을 갖고 있으므로 단체별로 설립목적에 따라 지역사회를 위한 다양한 공익사업들을 자발적으로 추진하고 있으며 자치단체와 시민단체가 공동으로 추진하는 사업에 대해서는 상호협의를 통하여 추진방향을 설정한 후 상호 긴밀한 업무협의를 통하여 해당사업들을 추진하게 된다. 이러한 과정을 통하여 지방공무원들과 시민단체 회원들과 공식적으로 매우 가까운 관계를 형성하고 끈끈한 유대관계가 지속적으로 유지된다.

시민단체는 전국적으로 실시되는 행사에 많은 주민들이 참여하거나 자치단체에서 갑작스러운 재난이나 재해가 발생하였을 때 이재민을 도와주거나 복구 작업이 필요한 경우 회원들이 적극적으로 참여하고 있다. 또한 자치단체만으로는 행정목적을 달성하기 어려운 경우 시민단체 회원들은 지역주민들을 위한 사업들을 추진하는 과정에 자발적으로 참여를 한다.

지방공무원들은 지역 시민단체들과 유기적인 관계를 맺으면서 기존의 사업들을 추진하는 경우도 있다. 특히 신규로 추진하는 사업이나 많은 이해관계인들이 있는 사업을 추진하는 과정에서 주민들을 설득시키거나 이들의 이해를 구하는 과정이 필요한 경우 먼저 시민단체 회원들을 상대로 이해와 협조를 구할 필요가 있다. 그 이후에 시민단체 회원들을 통하여 지역의 주민들을 설득하는 방법을 선택하면 충분히 행정목적을 달성할 수 있을 것이다.

국가에서도 시민단체를 육성을 위하여 해당되는 시민단체에 일정액의 보조금을 지급하도록 예산편성지침으로 규정하고 국가에서도 일정금액의 보조금을 지급하고 있으며, 자치단체에서도 매칭비율에 따라 보조금을 지원하여 시민단체를 육성·지원하고 있다. 자치단체에서도 지역발전을 위해서 많은 봉사 등을 하고 있는 시민단체를 건전하게 육성시키기 위하여 자치단체 조례로 보조금을 지급할 수 있는 근거를 마련한 후 시민단체의 건전한 육성을 위하여 재정적인 지원을 하는 경우도 많이 있다.

자치단체와 시민단체는 업무적으로 매우 밀접한 상관관계를 맺고 있으며 서로 상생할 수 있는 다양한 방안들을 모색하고 있지만 자치단체와 시민단체는 언제나 의견일치를 보이는 것은 아니고 일부 사업에 대해서는 자치단체와 다른 시각으로 자치단체의 사업에 대해 비판을 하기도 한다. 또한 시민단체와 자치단체는 지역발전이라는 동일한 목적으로 많은 노력들을 경주하고 있지만 목적을 달성하는 방법과 수단의 차이로 인하여 갈등이 발생하기도 한다.

자치단체에서는 현안문제를 신속하게 해결하여 단기간에 성과를 도출하고자 시도를 하지만 시민단체에서는 목적달성도 중요하나 절차적인 정당성 등을 확보하기를 원하는 경우가 많이 있어 사업을 추진하는 방법에 차이가 있으므로 자치단체와 시민단체는 이에 대한 효율적인 방법들이 있는지 많은 고민과 노력이 필요하다.

최근에 언론에 보도되고 많은 국민들이 관심을 가지고 있는 지역의 현안업무들이 많이 있다. 이에 대한 시민단체와 자치단체의 대응전략이 매우 상충되어 시민단체 회원들과 자치단체 간 물리적인 충돌이 발생하기도 한다. 따라서 이를 해결하는 데 오랜 시간이 소요되고 이러한 과정에서 많은 물리적인 충돌이 발생되고 이해당사자 간에 많은 상처를 입기도 한다.

이는 동일한 사업에 대하여도 자치단체와 시민단체가 추구하고자 하는 목적은 동일하지만 사업들을 추진하는 방법들은 매우 상이한 경우가 많이 있는데 이는 동일한 사업에 대하여 자치단체와 시민단체가 바라보는 관점의 차이가 있기 때문이다. 특히 지방공무원은 지역의 현안사업들을 추진하는 과정에서 지역주민들의 다양한 의견을 수렴하기 위한 시간이 부족하다는 이유로 사업을 추진하기 위하여 반드시 필요한 행정절차를 다소 경원시하거나 이행하지 않는 경향이 있다.

지방공무원은 지역주민들의 실생활과 매우 밀접한 사업들을 추진하고 있기 때문에 시민단체는 지방공무원들이 추진하는 사업에 감시자의 관점에서 바라보고 사업추진 시 문제가 발생되면 이를 적극적으로 비판하기도 한다. 시민단체에서는 지방공무원들이 추진하는 사업의 문제점을 자발적으로 개선하지 않으면 시민단체 회원들은 동원하여 시위를 하는 등 자치단체에서 추진하는 사업들을 반대하거나 언론보도 등을 통해서 강력하게 항의하는 경우도 있다.

　지방공무원들과 시민단체는 지역발전이라는 공동의 목적을 달성하기 위해서는 상호 소통의 과정을 통하여 의견이 상충되는 부분이 있으면 사전에 충분한 의견을 조율하는 절차를 거치는 등 활발한 교류협력이 요구된다. 자치단체에서도 문제가 있는 현안사업들을 일방적으로 추진하기보다는 시민단체 회원들에게 충분한 이해를 구하고 필요한 경우 이들의 적극적인 협조를 유도하여야 할 것이다.

의회와 집행부

◇◇◇◇◇◇◇◇◇◇◇◇

　자치단체에는 지역주민들이 선거에 의하여 선출한 의원들이 있는데 의원들은 무소속인 경우를 제외하고는 정당에 소속되어 정치적인 성향을 띠고 있으며 의회를 구성하는 구성원들이다. 의회마다 구성된 위원회의 수는 다르지만 의원들은 소관위원회를 선택하고 해당위원회에서 위원으로 활동을 하게 되며 위원회에서는 집행부에서 제출된 조례안과 예산 등에 대한 심사를 하거나 집행부에서 제출한 동의안을 심사·의결하는 기능을 담당하게 된다.

　자치단체에는 지역주민들이 선출한 단체장도 있는데 단체장은 집행부의 수장으로서 지역사회의 발전과 주민들의 복리증진을 위한 다양한 정책들을 입안하고 이를 집행하는 업무를 총괄하는 역할을 수행하게 된다. 아울러 단체장은 자치단체에 소속된 공무원들을 관리하고 각종사업을 추진하기 위한 예산을 편성하고 집행하며 지역사회에서 문제가 되고 있는 현안문제를 해결하기 위하여 도시계획을 입안하는 등 다양한 정책들을 수립하고 이를 집행하는 역할을 담당하고 있다.

자치단체에는 의회와 집행부라는 두 개의 기관이 지역사회 발전과 주민들의 복리증진을 위하여 공동의 노력들을 하고 있지만 양 기관은 기능면에서 많이 차이가 있다. 의회는 집행부를 견제하고 감시하는 역할을 담당하지만 궁극적인 목적은 주민들의 복리를 증진하고 지역사회를 발전시키는 것이다.

의회와 집행부는 수레의 양 바퀴처럼 상호 견제와 균형을 이루는 것이 매우 필요하다. 양 기관은 지역에서 발생되는 현안문제들을 효과적으로 해결하기 위해서 상호 대립되는 관계에서 벗어나 상호 부족한 부분을 채워가면서 맡은 바 역할을 충실히 수행한다면 지역사회는 비약적으로 발전될 것이다.

의회에는 정당에 소속된 의원들로 구성되어 있으며 지역에서 현안이 되는 문제들에 대하여 정당 간에 의견이 상충되는 경우도 많이 있다. 의원들은 개인적인 소신과 경험으로 의정활동을 하고 있지만 특정한 사안에 대해서는 같은 정당에 소속된 의원들이 동일한 목소리로 정당의 의사를 표출하고는 한다. 예를 들면 집행부에서 제출된 조례안을 심사하는 과정에서 개인의 소신을 떠나서 정당정책이 상이하여 조례안을 의결하는 과정에서 정당 간에 대립으로 문제가 발생되는 경우들이 많이 있다.

집행부에서는 조례안 등을 의회에 제출하고 의원들은 이를 심사의결을 하게 되는데 위원회에 소속된 위원들은 소속된 정당의 정책에 따라 조례안 등을 심의하는 과정에서 다양한 의견을 제기하는 경우도 있고 단체장도 무소속을 제외하고 정당에 소속된 경우가 대부분으로 특정한 안건에 대해서는 정치적인 성향을 나타기도 하는데 이러한 경우 의회와 집행부가 심각한 대립관계를 형성하기도 한다.

이러한 문제발생을 미연에 방지하기 위해서는 집행부에서는 지역사회 발전을 위한 사업들을 추진하는 과정에 조례를 제정하거나 예산을 편성하는 경우 해당사업과 관련이 있는 의원들과 사전에 충분한 의견교환을 통해서 조율된 내용을 조례안이나 예산 편성 시 반영을 하게 된다면 집행부와 의회 간 발생될 수 있는 문제들을 사전에 예방할 수 있을 것이다.

하지만 집행부 공무원 중 일부는 현안사업들을 추진하는 과정에서 의원들에게 사전에 해당사업에 대하여 충분한 설명을 하지 않거나 의원과 의견이 상충되는 경우에도 의견을 조율하는 노력을 하지 않는 경우를 가끔 볼 수 있다. 의원들은 추진하는 사업에 대하여 집행부와 의견이 상충되는 경우 해당사업을 추진하고 있는 담당 공무원에게 추진경과를 질문하거나 의원이 고유권한인 자료제출을 요구하여 해당사업을 정확하게 파악한 다음 의회에서 각종 안건들을 심사하는 과정에서 이를 반영하면 될 것이다.

　의회와 집행부는 지역사회 발전이라는 공동의 목적을 달성하기 위하여 전진하는 수레의 양 바퀴처럼 매우 밀접한 관계를 유지하고 있다. 그러므로 의회는 집행부를 견제하고 감시하는 기능을 적절히 수행하고, 집행부에서도 정책을 수립하고 집행하는 과정에서 의원들에게 사전에 충분한 설명을 하거나 의원들과 의견이 상충되는 문제는 충분한 의견조율의 과정을 통해서 이를 정책집행에 반영한다면 의회와 집행부 간의 관계가 원만하게 유지될 수 있을 것이다.